Generis
PUBLISHING

AF746200

PRATIQUE DE GESTION DE LA TRÉSORERIE

CAS DU TRÉSOR PUBLIC DU CONGO-BRAZZAVILLE

ARMEL SILVERE DONGOU

Copyright © 2024 ARMEL SILVERE DONGOU
Copyright © 2024 Generis Publishing

All rights reserved. This book or any portion thereof may not be reproduced or used in any manner whatsoever without the written permission of the publisher except for the use of brief quotations in a book review.

Title: **PRATIQUE DE GESTION DE LA TRÉSORERIE**

CAS DU TRÉSOR PUBLIC DU CONGO-BRAZZAVILLE

ISBN: 979-8-89248-573-9

Author: ARMEL SILVERE DONGOU

Cover image: https://pixabay.com/

Publisher: Generis Publishing
Online orders: www.generis-publishing.com
Contact email: info@generis-publishing.com

Remerciements

Je souhaite avant tout adresser mes remerciements les plus sincères aux personnes qui ont accompagné mes recherches, ainsi que l'élaboration de ce livre, durant plusieurs mois.

Je voudrais exprimer ma reconnaissance envers toutes les personnes qui ont ponctué mon parcours universitaire en l'enrichissant de leurs expériences et de leurs connaissances. Leurs savoirs ont pu trouver écho au sein des différents exemples qui bercent ce livre.

Plus particulièrement, tous mes remerciements s'adressent à monsieur Antoine HAKASSOU, madame ASMA EL MASSAOUDI, monsieur François PERRAULT et monsieur ANAS AHATTABOU qui m'ont transmis leurs passions en gestion financière.

Je souhaite aussi remercier monsieur le Ministre de l'économie et des Finances, le directeur général et les trois fondés de pouvoir du Trésor public congolais pour leurs excellents conseils et leur soutient pendant l'ensemble du processus. Débattre de mes idées de recherche à vos côtés a été très enrichissant, vous m'avez aidé à garder ma motivation.

Enfin, j'adresse ma plus grande émotion à ma famille : mon épouse, mes enfants, et mes amis, qui m'ont accompagné et encouragé tout au long de la réalisation de ce livre.

Sommaire

Acronymes et abréviations

BEAC	= Banque des Etats de l'Afrique centrale
BTA	= Bons du Trésor Assimilables
CEMAC	= Communauté économique et monétaire de l'Afrique centrale
CQ	= Caractéristiques qualitatives
CUT	= Compte unique du trésor
DGB	= Direction générale du budget
DGCB	= Direction générale du contrôle budgétaire
DGT	= Direction générale du trésor
D& M	= Modèle de Delore et McLean
FDD	= Fonds de dotation
FMI	= Fonds monétaire international
IDT	= Théorie de la diffusion de l'innovation
IFMIS	= Systèmes intégrés d'information sur la gestion financière
ITF	= Technologie des tâches
MCO	= Moindres carrés ordinaires
MEF	= Ministère de l'économie et des finances
OTA	= Obligations du Trésor Assimilables
PFM	= Gestion des finances publiques
PND	= Plan national de développement
SIGFIP	= Système intégré de gestion des finances publiques
SYSPACE	= Système de suivi des paiements des créances de l'Etat
TOE	= Technologie, l'organisation et l'environnement
TIC	= Technologies de l'information et de la communication
TMS	= Systèmes de gestion de trésorerie

Liste des tableaux

Liste des figures

Preface

En acceptant de préfacer ce livre, je me suis mis dans la peau de l'agent public ou encore ce technicien en finances publiques censé gérer les finances de l'Etat que j'aurais tant voulu mettre en valeur tout le temps que je suis resté à la tête du ministère des finances. Pendant plus de quatre (4) années au poste de ministre en charge des finances, j'avais non seulement axé mes programmes, entre autres dans l'assainissement des finances publiques en instaurant plusieurs réformes, mais celle de la gestion des finances de l'Etat me tenait tellement à cœur que j'ai créé le comité de trésorerie et facilité l'entrée du Congo sur le marché monétaire de la CEMAC. En effet, la gestion des deniers publics dans les pays d'Afrique subsaharienne, en général et particulièrement au Congo, révèle un visage énigmatique pour les pouvoirs publics. L'Etat dispose des « niches de recettes » qu'il confie aux agents publics avec la ferme assurance que cela se fera sans ombrage.

Mais, ce dernier est souvent étonné de constater que les agents publics deviennent des propriétaires des fonds qu'ils recouvrent, poussant les pouvoirs publics à être contraint de recourir à l'emprunt pour financer les besoins de première nécessité ; d'infrastructures et de santé. Dans cet ouvrage, monsieur ***Armel Silvère DONGOU***, expert en ingénierie financière, retrace, dans une étude menée à l'Ecole supérieure de commerce de Clermont-Ferrand, les contours d'une gestion de trésorerie efficace et efficiente axée sur les instruments des technologies de l'information et de la communication, notamment le système intégré d'information sur la gestion financière (IFMIS) que j'ai pu installer durant mes quatre années passées en qualité de ministre en charge de l'économie, des finances et du budget. L'impétrant est un technicien supérieur averti ayant traité les questions financières suivant plusieurs axes, notamment la trésorerie, la gestion des dépôts et surtout l'épineux problème de financement des gaps par le biais du marché régional. S'agissant de la trésorerie et donc, spécialiste des finances publiques, il a traité avec minutie les questions liées à l'orthodoxie financière en créant des limites acceptables par rapport au seuil de convergence d'endettement arrêté par les ministres en charge de l'économie et des finances de l'UEMOA et de la

CEMAC. De ce fait, il a su à travers ces écrits mettre en valeur conformément aux dispositions règlementaires, le rôle et surtout la valeur du plan de trésorerie. Ensuite, entant que manager en ingénierie financière, il a perpétué la relation entre le compte unique du trésor et les technologies de l'information en montrant par des modèles économétriques très pointues que, l'efficacité dans la gestion de la trésorerie doit quitter le circuit traditionnel qui ne met pas en avant la dématérialisation dans la gestion des fonds publics.

Calixte NGANONGO

Ancien Ministre congolais de l'économie et des finances

Introduction Générale

Introduction générale

Les besoins en liquidités d'une collectivité publique augmentent chaque année de manière fulgurante, en raison de ses besoins de financement du fait des écarts entre les recettes et les dépenses publiques qui occasionnent des déficits publics. Pour pallier cette difficulté, la collectivité publique doit opter pour une approche pluridimensionnelle de gestion de trésorerie pour s'assurer qu'il dispose des liquidités nécessaires pour répondre à ses obligations. Fondamentalement, la liquidité peut être décrite comme étant la facilité avec laquelle il est possible d'extraire de la valeur à partir d'actifs (Crockett, 2008). Cette extraction de valeur peut être réalisée, soit en utilisant sa solvabilité pour obtenir des financements externes, soit en vendant son papier sur le marché. La gestion de la trésorerie est donc l'une des tâches de la gestion financière qui constitue un facteur de compétitivité dynamique, impliqué dans la qualité des résultats tant des entreprises que des collectivités publiques dont elle administre et contrôle les flux financiers.

Depuis la fin des années 1980, des réformes de la gestion publique sont mises en œuvre dans la plupart des pays de la Communauté des États de l'Afrique centrale dont les Directives de la **CEMAC n°01/11-UEAC-190-CM-22**, sous la pression de la crise économique, du poids de la dette ou de l'évolution des attentes des citoyens et des consommateurs. Ces réformes ont concerné la rationalisation de la gestion publique et la mise en œuvre de ces mesures passe par le développement de nouveaux instruments comptables et financiers, facilitant une forme de gestion par les résultats. L'adoption des instruments de quantification comptable et financière par la loi organique portant Loi des finances (LOLF), la révision de la procédure de préparation du budget, la mise en place d'une comptabilité d'exercice à caractère patrimonial, les assouplissements en matière de gestion des crédits, la nouvelle architecture financière, permettent une « révolution copernicienne » (Lambert, 2000), dans la mesure où la gestion publique n'est plus centrée autour des moyens, mais des résultats, et une gestion systématique de la performance, en d'autres termes : une gestion publique plus rationnelle. Longtemps, la gestion de trésorerie était considérée comme une activité statique d'exécution du budget, de nature relativement secondaire, principalement dévolue à gérer les flux financiers et à assurer un fonds de roulement. Mais, cette forme a évolué en un élément essentiel et dynamique de gestion financière, qu'elle soit publique ou privée et, cette évolution remonte environ aux années quatre-vingt. Comme le précise Mamady Balla (2022), la gestion de la trésorerie est à la fois une méthode et une théorie. En tant que méthode, elle vise à gérer les liquidités dans les entreprises ou organismes publics qu'elles soient présentées en caisse ou en banque. En tant que théorie, elle vise à expliquer les contours de la gestion financière à court terme. L'évolution de la gestion de la trésorerie en une fonction financière à part entière tient principalement à deux raisons, à savoir, une triple révolution dans l'approche de la gestion et ; l'apparition de déficits importants dans les budgets des collectivités publiques (Henry et al., 2000).

S'agissant de la triple révolution dans l'approche de la gestion, les trois aspects de cette révolution sont : i) une révolution technique, due à l'apparition d'une informatique puissante et simple d'utilisation permettant, grâce à des logiciels performants, de libérer du temps pour la stratégie financière et la prise de décision (rapidité de calcul et d'exécution, accès immédiat aux informations, complexification de l'approche de gestion ; ii) une révolution financière : on n'évolue plus dans un univers réglementé, mais dans un environnement de marché ouvert, liquide, riche en instruments et donc volatile. Cette volatilité touche principalement le système des taux de change flottants et le contrôle des marchés par les taux d'intérêt, qui engendre de nouveaux risques et de nouvelles opportunités. La gestion des risques (de change, de taux, de liquidité et de contreparties) est à l'origine du « crédit management » ; iii) une révolution « culturelle », induisant un nouveau rapport à l'argent. Le profit est devenu un objectif naturel et indispensable, les profits d'aujourd'hui constituant les investissements de demain. Pour l'apparition des déficits, il a été montré que la fin des années 1980 et le début des années 1990, coïncident avec un fort accroissement des déficits publics. À titre d'exemple, la dette cumulée du Congo. Dans les collectivités publiques, la gestion de la trésorerie a souvent été négligée : la trésorerie était gérée de manière passive.

Cette passivité est expliquée par le fait que, contrairement aux entreprises privées, les collectivités publiques ne sont acculées à la faillite en cas d'impasse de trésorerie. Sauf cas exceptionnels dont nous avons eu connaissance, une collectivité publique parvient toujours à trouver un bailleur de fonds prêt à lui ouvrir une ligne de crédit. Cette facilité à obtenir des liquidités a souvent eu pour conséquence une trésorerie pléthorique. Malheureusement, les disponibilités excédentaires coûtent, soit parce qu'elles découlent d'emprunts inutiles, soit parce qu'elles ne donnent pas lieu à placement rémunérateur. Mais depuis les années 1980, les administrations sont de plus en plus nombreuses à pratiquer une gestion de trésorerie active. En dehors des raisons liées à son évolution, il y a d'autres raisons liées à l'attractivité des systèmes de trésorerie. En effet, l'État est un « niche de recettes inutilisées ». Pour ce faire, la focalisation vers un système gestion de trésorerie efficace attire l'attention en ce sens que : i) la nécessité, car le domaine dans lequel le budget de l'État est effectivement exécuté ; ii) l'opérabilité des systèmes de paiement, qui est cruciale et doit être précise et fiable ; iii) utilisation de la technologie et des méthodes plus avancées désormais disponibles dans le système financier ; et iv) améliorer l'efficacité, puisque les systèmes intégrés d'information sur la gestion financière (IFMIS) permettent d'intégrer les systèmes budgétaires, comptables et financiers. Le système congolais de gestion des recettes et des paiements en espèces n'est pas fragmenté. Le ministère des Finances et le trésor public disposent apparemment d'une vision unifiée et d'un contrôle centralisé des ressources de trésorerie de l'Etat. Mais, les liquidités demeurent pour la plupart du temps éparpillé dans des caisses secondaires ou dans des comptes de l'État liés dans les institutions financières. Cet état de fait engendre des défauts de liquidités et pousse l'État à recourir à l'emprunt pour exécuter son budget. Pour contrer ces désordres et prôner une orthodoxie financière, l'État doit renforcer la centralisation des ressources et consolider les bilans vers la mise en œuvre d'outils et de processus centralisant les ressources financières dans un compte unique du trésor (CUT). Pour donc améliorer la gestion de fonds publics au Congo, certaines mesures introduites incluent le SIGFIP pour contrôler, le compte unique du trésor, etc. Le lien entre la gestion de la trésorerie et les finances publiques s'explique par le fait que de bonnes techniques de prévision des liquidités, d'emprunt et de placement permettent de limiter les coûts de transaction, de réduire le coût de la dette, d'augmenter le rendement du patrimoine financier.

Dans la littérature financière, la relation entre la gestion de trésorerie et la santé des finances peut être appréhendée par plusieurs théories : la théorie de l'agence ; la théorie de la contingence et la théorie de l'intendance. La théorie de l'agence met l'accent sur la conception de la mesure de la performance et des récompenses données de manière à ce que les managers se comportent positivement ou profitent à l'entreprise dans son ensemble (Yolles, 2019). La théorie de la contingence quant à elle concerne une vision orientée vers les besoins internes qui doivent pouvoir s'adapter à son environnement (Longfield-Smith, 1997). Enfin, la théorie de l'intendance est définie comme une situation où les gestionnaires n'ont pas d'intérêts personnels, mais sont plus préoccupés par les souhaits du mandant (Davis et al., 1997).

L'objectif général de cette recherche est de déterminer l'effet de la pratique de la gestion de trésorerie sur la performance financière au Trésor public du Congo.

De façon spécifique, il s'agira :

- D'analyser l'effet de la gestion de la trésorerie sur l'équilibre financier du Trésor public.
- Estimer l'impact des TIC sur la gestion de la trésorerie au sein du trésor public.

Pour comprendre et expliquer le mécanisme de gestion de liquidité des collectivités publiques au Congo, nous avons choisi le correspondant financier de l'État qui est le Trésor public en considérant le rôle important de cette structure dans l'économie nationale. Nous tenterons d'explorer cette recherche en examinant la problématique suivante :

Quels sont les effets de la pratique de la gestion de la trésorerie sur l'équilibre financier au Trésor public ?

Pour y répondre, nous posons un ensemble de questions subsidiaires :

- Quel est l'effet de la gestion de trésorerie sur la performance financière au sein du Trésor public ?
- Quel est l'effet du compte unique du trésor dans la gestion de trésorerie ?
- Quel est l'impact des infrastructures des technologies de l'information et de la communication (TIC) sur le compte unique du trésor et la gestion de trésorerie ?

Nous défendons la thèse selon laquelle, la gestion de la trésorerie améliore la performance financière.

De cette hypothèse centrale, découle les hypothèses subsidiaires suivantes :

- Le système intégré d'information sur la gestion financière et la mise en œuvre du compte unique du trésor améliore la gestion de la gestion de la trésorerie.
- les états financiers lisibles permettent une meilleure divulgation des informations comptables et financières. En effet, les normes comptables sont élaborées dans le but de permettre aux utilisateurs généraux de l'information comptable de comprendre les états financiers.

Cette étude utilise le Congo comme champ géographique, le Congo pour trois raisons. Premièrement, le Congo connaît un retard dans l'intégration des technologies de l'information et de la communication. Comme le précise (Audenhove, 2000), les pays qui ont développé les TIC auront des avantages économiques et sociaux. Or, la plupart des pays d'Afrique subsaharienne, à l'instar du Congo, ne saisissent pas cette opportunité. L'utilisation des TIC devraient stimuler la croissance économique, augmenter la productivité, créer des emplois et améliorer la qualité de vie. Deuxièmement, le gouvernement du Congo a alloué peu de moyens pour mettre en place des projets structurants en matière des instruments des TIC. Cela se justifie par l'échantillon choisi pour l'implémentation du système intégré d'information sur la gestion financière décliné sous le sigle SIGFIP. Ce manque de ressources financières fait du Congo un pays caractérisé par des applications informatiques limitées dans le secteur public et, une infrastructure inadéquate accompagnée de main d'œuvre qualifiée ou inexploitée. Enfin, au regard du ratio dette/PIB décelant le seuil de convergence d'endettement, le Congo est en surendettement, car le pourcentage de ce ratio, selon les prévisions du fonds monétaire international, atteint 92,5%. Ces raisons évoquées poussent à la recherche des solutions pour rendre une gestion de trésorerie efficace et efficiente.

Pour atteindre les objectifs fixés et vérifier les hypothèses formulées, nous avons fait recours à plusieurs techniques de recherche, dont notamment la recherche documentaire, l'analyse statistique et l'analyse économétrique.

L'analyse documentaire a consisté à la consultation des documents relatifs à notre étude, notamment les ouvrages, les articles, les rapports, les requêtes et tout autre type de document susceptible de constituer une source d'information écrite sur la relation entre la gestion de trésorerie, le compte unique du trésor et le système intégré d'information sur la gestion financière. Ce travail préliminaire a été effectué auprès des directions générales (direction générale du trésor, direction générale du budget et direction générale du contrôle budgétaire) du ministère en charge de l'économie et des finances. L'analyse statistique a permis de collecter les données statistiques sures par le biais d'un questionnaires auto-administrés auprès de 118 répondants. S'agissant de l'analyse économétrique, elle a permis de préciser l'effet de la gestion de la trésorerie sur le compte unique du trésor et le système intégré d'information sur la gestion financière. Deux modèles suivant les préoccupations soulevées dans l'étude, ont été réalisés, notamment les modèle descriptif et le modèle logistique. La suite du document est organisée en trois chapitres. Le chapitre premier présente les généralités sur la gestion de trésorerie dans le secteur public. Le deuxième chapitre a trait à l'implémentation de la gestion de trésorerie dans le cadre spécifique du Congo. Le troisième chapitre explicite la méthodologie utilisée et présente les résultats et les recommandations.

Ce livre est l'aboutissement de mon parcours dans l'enseignement supérieur. Le livre, « **Gestion de trésorerie dans le Trésor public du Congo** » vous est présenté en accord avec les connaissances accumulées lors de ma formation universitaire et mes connaissances personnelles. Il est le fruit de ma collaboration avec madame **ASMAA**

EL MESSAOUDI, d'une complexité avérée. Cette étude m'a permis de répondre à la problématique posée de manière détaillée. Fort heureusement, madame **ASMAA EL MESSAOUDI** et messieurs **Antoine HAKASSOU**, **François PERRAULT**, **ANAS HATTABOU** se sont montrés disponibles et ont pu répondre à mes questions.

Chapitre 1 : Généralités sur la Gestion de Trésorerie des Collectivités Publiques

Chapitre 1. Généralités sur la gestion de la trésorerie des collectivités publiques

Longtemps considérée comme une simple activité d'exécution du budget sans enjeux particuliers, la gestion de la trésorerie a évolué vers d'autres sphères. Grâce au développement rapide des moyens informatiques liés à l'apparition de nouveaux instruments financiers, l'approche de ce domaine est progressivement devenue une fonction financière à part entière. Nous présenterons les notions générales (1) et du rôle des systèmes de gestion de trésorerie (2).

Section 1 : Définitions et notions générales

La conduite de cette étude nous oblige de revenir sur ses concepts clés et ses avantages.

§1. Définitions de la trésorerie et de la gestion de la trésorerie

Cette recherche fait intervenir plusieurs concepts, notamment la trésorerie, le système financier, les systèmes des collectivités publiques et la gestion de trésorerie.

1.1. Le Système Financier

De façon générale, le système financier est un ensemble d'institutions et d'instruments permettant de mettre en relation, d'une part, des agents à capacité de financement, et d'autre part, ceux à besoin de financement. Pour Chaineau (2002), le système financier est un ensemble composé des institutions financières bancaires, qui ont de façon générale pour objectif de financer le développement économique d'un pays.

1.2. Les systèmes de Trésorerie centralisée

La gestion de la trésorerie vise à garantir la continuité financière de l'État, c'est-à-dire assurer chaque jour l'exécution des dépenses et des recettes, dans des conditions de sécurité maximale et au meilleur coût pour le contribuable. On distingue deux principaux systèmes de trésorerie. : l'un dit de la trésorerie unique (gestion centralisée) lorsque l'État gère lui-même les liquidités ; l'autre, dit de la trésorerie autonome (gestion décentralisée) quand les collectivités locales et les organismes publics gèrent eux-mêmes leurs disponibilités. Dans cette étude axée sur la gestion de la trésorerie au trésor public, nous nous focalisons sur le système de trésorerie centralisé. Dans ce système, toutes les collectivités et les organismes publics sont mis sur un même pied de traitement, la Direction générale du trésor selon les procédures uniformes.

Les finances locales, à l'image des finances de l'État, sont régies par un ensemble de règles qui fixent leur provenance et les conditions de leur utilisation. Il est cependant rare que les États énoncent dans leur loi suprême des dimensions de nature plus qualitative tenant aux conditions mêmes de la gestion des deniers publics et des politiques publiques. Pourtant, pour sa part, le Congo a affirmé dans le préambule de sa constitution du 06 novembre 2015 son attachement à la transparence dans la conduite et la gestion des affaires publiques ainsi qu'au principe de bonne gouvernance. Cependant, malgré cette volonté affichée par les pouvoirs publics congolais, et sans doute inspirée par les organisations financières internationales comme le Fonds Monétaire International (FMI), qui constitue une avancée importante vers le perfectionnement de son système financier, le Congo n'a pas réellement réformé son approche budgétaire à la différence de certains pays africains comme le Gabon ou Cameroun qui sont les deux pays les plus avancés de la zone CEMAC, lequel a réformé depuis 2005 son cadre de gestion publique pour l'orienter vers les résultats et la recherche de l'efficacité. Son système de gestion des finances publiques reste encore traditionnel et comporte, selon Zodjihoue (1995), de nombreuses limites en raison du fait qu'il repose sur un modèle uniquement structuré par la nature des moyens et contrôlé par la régularité au regard de la réglementation » faisant qu'il n'est plus adapté à l'ère des temps modernes. Sur ce point précis, le diagnostic des finances publiques du Sénégal, effectué en 2002 sous l'impulsion des bailleurs de fonds, a établi que « la préparation des dépenses et la formulation du projet de loi des finances restent fondées sur une logique de moyens et non de résultats. En matière d'exécution du budget de l'État, le cadre réglementaire actuel privilégie les contrôles a priori qui restent centralisés au niveau du Ministère chargé des finances pour toutes les dépenses effectuées par les services situés dans la région de Dakar. Cette procédure centrale d'exécution des dépenses apparait longue et complexe, ce qui explique le recours fréquent à des procédures dérogatoires de droit commun »96. Ces limites du système financier étatique se retrouvent quasiment à l'identique dans celui des collectivités locales sénégalaises. Celles-ci restent encore régies par un système de gestion classique des finances locales, qui n'intègre pas la performance comme paradigme. Ainsi, les budgets locaux privilégient une logique exclusive de ressources au détriment d'une approche de résultats. Ce faisant, le manque de rationalité budgétaire conduit les acteurs à se focaliser plutôt sur des actions à réaliser que sur des politiques 98 à mettre en œuvre. Les ressources financières locales sont rarement orientées vers des secteurs prioritaires correspondant aux préoccupations des populations locales. Il s'y ajoute que l'absence d'exigence de résultats rend impossible toute mesure d'impact des actions sur les cibles. On peut penser que c'est pour améliorer la fonctionnalité du système financier local, déjà très réduite, que l'État avait entrepris une série de réformes touchant les finances locales. Celles-ci se sont traduites par la modification des articles portant transfert de compétences aux régions, aux communes, et aux communautés rurales, relatives aux modalités d'alimentation et de répartition du Fonds de Dotation de la Décentralisation (FDD) ; par la création et la mise en œuvre du Programme national de Développement local (PNDL), et l'application du cadre de dépenses à moyen terme.

1.3. La trésorerie

Sans être une activité secondaire, la trésorerie est une fonction vitale pour les entreprises, les institutions financières, mais aussi les administrations publiques. Comme le précise Bloch-Lainé (1951), le terme de trésorerie ne comporte pas moins d'acceptions. Il s'applique, soit à la tâche qui consiste à ajuster constamment les ressources aux charges, soit aux services financiers qui sont chargés de l'assurer. Dans le manuel des statistiques de l'État, l'encaisse désigne les billets, les pièces de monnaie et les dépôts détenus sur demande par les unités institutionnelles du gouvernement auprès d'une banque ou d'autres institutions financières. Les équivalents de trésorerie sont définis comme des placements très liquides qui sont facilement convertibles en liquides.

Les éléments de la trésorerie sont constitués des mouvements financiers exécutés par les comptables publics. Ces mouvements comprennent en premier lieu les opérations de l'État au titre des recettes fiscales et non fiscales, des dépenses de fonctionnement et l'investissement ainsi que les opérations liées à la gestion de la dette ou de la trésorerie (émission ou remboursement de titres, paiement d'intérêts, etc.). Mais, pour l'État, il se dégage une particularité par rapport à la trésorerie du secteur privé ou des entreprises. Celle-ci englobe également l'activité des « correspondants », c'est-à-dire des organismes tenus de déposer leurs fonds auprès de l'État. Il s'agit principalement des collectivités locales (départements, communes ainsi que leurs groupements) et des établissements publics locaux ou nationaux.

L'ensemble de ces opérations est centralisé en temps réel par la Banque d'émission sur un compte appelé « compte unique du Trésor » (CUT).

1.4. Pratique de la gestion de la trésorerie

Les financiers perçoivent la gestion de trésorerie sous plusieurs facettes et font de cette notion un concept polysémique en la définissant, soit par ses fonctions, soit par ses objectifs. Une confusion est souvent opérée dans les pays en développement où les pouvoirs publics considèrent à tort que la gestion de la trésorerie publique équivaut au contrôle budgétaire et comptable, à la planification et à l'exécution du budget ou à la gestion de la dette. Dans les faits, la gestion de la trésorerie publique est la stratégie et les processus connexes de gestion des flux de trésorerie à court terme de l'État entre divers organismes gouvernementaux et entre le gouvernement et les secteurs non gouvernementaux. Ainsi, la gestion de la trésorerie consiste à veiller sur le maintien d'une liquidité suffisante pour faire face aux échéances, tout en optimisant la rentabilité des fonds, et à gérer aussi les risques de trésorerie. De façon générale, toutes les définitions de la gestion de la trésorerie s'appuient sur la valeur temporelle de l'argent public. Storkey (2003) définit la gestion de la trésorerie comme étant une gestion «

consistant à disposer de la bonne somme d'argent au bon endroit et au bon moment pour s'acquitter des obligations du gouvernement de la manière la plus rentable possible. En sus, la gestion de la trésorerie désigne le processus permettant de gérer de manière rentable les flux de trésorerie et les liquidités à court terme du gouvernement, tant au sein du gouvernement qu'entre celui-ci et d'autres entités.

D'autres définitions mettent l'accent sur la gestion active de la trésorerie des excédents de trésorerie temporaires et des déficits temporaires. Par exemple, (Williams, 2004) définit la gestion de la trésorerie comme « la stratégie et les processus connexes visant à gérer de manière rentable les flux de trésorerie et les soldes de trésorerie à court terme du gouvernement tant au sein du gouvernement qu'entre le gouvernement et d'autres secteurs ». La gestion de la trésorerie ne s'apprécie pas de la même manière dans un pays en développement que dans un pays développé. En France, la gestion active de la trésorerie consiste à placer temporairement des excédents de trésorerie sur le compte avec le rendement et la sécurité les plus élevés tout en maintenant un solde créditeur sur le compte.

La gestion de la trésorerie au sein de la Direction générale du trésor (DGT) signifie la gestion des processus d'intermédiation financière, car la DGT représente une gestion financière moderne qui s'étend au-delà de son rôle traditionnel de payeur de l'État ou de simple caisse enregistreuse. Dans cette perspective et, compte tenu du volume des ressources qu'elle gère annuellement et de l'importance de ses opérations, la DGT est l'une des entités financières les plus importantes d'un pays (Yaker et al., 2015). Comme le précisent Varéa et Arosteguiberry (2016), les processus de trésorerie impactent trois domaines : financier, comptable et budgétaire. L'aspect financier a un impact sur le compte unique du trésor (CUT) ; le volet comptable est responsable des écritures dans les grands livres comptables et les états financiers ; et l'aspect budgétaire exécute les allocations budgétaires soutenues par une planification financière détaillée. En sus, l'aspect financier impacte également la relation entre la banque centrale et les marchés financiers. La figure 1 ci-dessous synthétise les principaux éléments du cycle de trésorerie, avec les indicateurs les plus pertinents pour chaque étape.

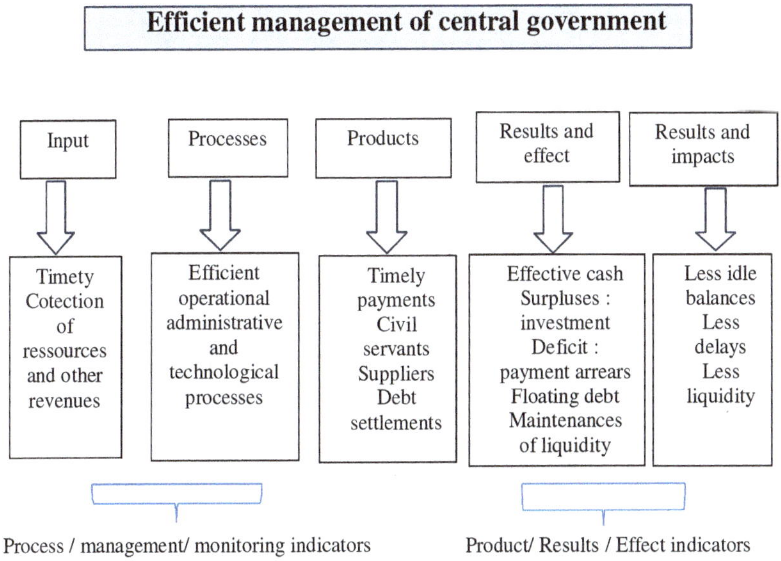

Figure 1 : Cycle de trésorerie et indicateur de performance

Source : Construction de l'auteur à partir des données de Varéa et Arostequiberry (2016)

1.5. Cadre juridique et réglementaire

Le cadre juridique et réglementaire de la gestion de la trésorerie au Congo découle de la **directive n°01/08-UEAC-190-CM-17** relative aux lois de finances dans les pays membres de la Communauté économique et monétaire de l'Afrique centrale (CEMAC). Il constitue un préalable en matière de gestion des finances publiques et constitue un préalable à l'efficacité de la gestion de la trésorerie. Le cadre définit les objectifs des diverses fonctions de la gestion des finances publiques, y compris la gestion de la trésorerie et, fournit la structure de gouvernance et l'autorité et la redevabilité respectives des institutions concernées. Le cadre juridique définit clairement le rôle et les responsabilités des principaux acteurs ainsi que les processus à suivre.

À la suite de cette directive, le pouvoir réglementaire du Congo a édicté un ensemble de normes au nombre desquels figure la loi n°10-2017 du 9 mars 2017 portant le code relatif à la transparence et à la responsabilité dans la gestion des finances publiques.

1.6. Cadre institutionnel

Le cadre institutionnel fait référence aux dispositions institutionnelles relatives à la coordination de la gestion de la trésorerie et de la dette. La responsabilité de la gestion de la trésorerie et de la dette incombe au ministère responsable de l'économie et des finances (MEF), la DGT étant responsable de la gestion de la trésorerie, tandis que la dette est gérée par la Caisse congolaise d'amortissement (CCA). En vertu des textes spécifiques, les différents acteurs impliqués dans la gestion de la trésorerie sont le ministère de l'économie et des finances, le ministère responsable du budget, la direction générale du Trésor et/ou de la comptabilité publique, les ordonnateurs et comptables publics, la banque centrale, la banque commerciale concernée, le parlement et la cour des comptes et les partenaires techniques et financiers.

§2. Avantages de la gestion de la trésorerie

2.1. Notion de gestion de trésorerie

La gestion de la trésorerie vise à garantir la continuité financière de l'État, c'est-à-dire assurer chaque jour l'exécution des dépenses et des recettes, dans les conditions de sécurité maximale et au meilleur coût pour le contribuable. En effet, la gestion de trésorerie fait référence au processus de gestion des ressources financières d'une collectivité publique ou privée, y compris ses liquidités, ses investissements et ses dettes. Un système de trésorerie bien géré, respectant l'orthodoxie financière, peut fournir aux gouvernements les ressources nécessaires pour financer les services publics et les investissements dans les infrastructures, l'éducation et la santé.

La gestion efficace de la trésorerie peut être définie comme une combinaison des stratégies et de processus adoptés pour maximiser les rendements des excédents de trésorerie à court terme dans des limites de risques acceptables. Pour ce faire, une gestion efficace de trésorerie publique présente plusieurs avantages qui concourent à la réduction des coûts de financement du gouvernement et à la facilitation d'obtention d'un rendement plus élevé sur les excédents de trésorerie. En premier lieu, elle permet d'améliorer les liquidités en garantissant qu'il existe suffisamment d'argent disponible pour faire face aux obligations actuelles et futures. Cette perspective a le mérite de prévenir les crises financières et permettre à l'Etat de tirer parti des opportunités d'investissement qui s'offrent à lui. Ensuite, la gestion de trésorerie permet également de réduire les risques financiers en garantissant que le gouvernement couvre correctement ses investissements et gère la dette. Enfin, une gestion efficace de trésorerie fournit au gouvernement une gamme d'autres outils et fonctionnalités qui, lui permettent de gérer les opérations financières plus efficacement tout en améliorant la transparence et la responsabilité.

2.2 Avantages d'une gestion de trésorerie

Une gestion efficace de la trésorerie permet de générer des revenus optimaux et d'utiliser judicieusement les revenus accueillis. Dans les collectivités publiques, une gestion efficace de la trésorerie peut présenter plusieurs avantages. Premièrement, elle permet d'améliorer les liquidités, en garantissant qu'il y a suffisamment d'argent disponible pour faire face aux obligations actuelles et futures, voire les aléas. Cette garantie de liquidités a pour effet de prévenir les crises financières et permettre à la collectivité publique de tirer parti des opportunités d'investissement qui se présentent. Deuxièmement, une gestion efficace de la trésorerie permet également de réduire les risques financiers en garantissant que le gouvernement couvre correctement ses investissements et gère sa dette. Dans ces deux optiques, une politique et une pratique efficaces en matière de gestion de trésorerie permettraient de fournir des équipements sociaux, de meilleures infrastructures, des possibilités d'emploi, d'améliorer le niveau de vie, d'améliorer la responsabilité et la transparence, etc.

Ainsi, comme le précise (Hamid, 2011), quel que soit le niveau des ressources financières dont dispose le gouvernement, s'il n'y a pas de politique et de pratique de gestion de trésorerie appropriées en place pour garantir que les revenus générés sont utilisés de manière économique, efficace et efficiente, les objectifs souhaités d'un tel gouvernement ne seraient pas atteints.

Section 2 : Rôle des systèmes de gestion de trésorerie

Les systèmes de gestion de trésorerie sont un outil essentiel pour les gouvernements et autres collectivités publiques afin de gérer efficacement les ressources financières. Ils ont pour avantages d'automatiser et de rationaliser les processus financiers liés à la gestion de la trésorerie, de la dette et des investissements, permettant ainsi le suivi, la prévision et l'analyse en temps réel des activités financières. L'adoption de ces systèmes permet d'accroître l'efficacité, d'améliorer la prise de décision et la gouvernance financière.

§1. Concept et fonctions du trésor public national

1.1. Notion du Trésor public

Selon (Bloch-Lainé, 1951), le terme de Trésor continue à désigner, dans la terminologie officielle comme dans le langage courant, tantôt les fonds qui sont destinés à l'acquittement des dépenses publiques, tantôt à la caisse où ces fonds sont déposés, tantôt l'administration qui est chargée de les centraliser pour en régler l'emploi.

Le manuel de statistiques des finances publiques 2014 du fonds monétaire international (FMI) définit le champ d'application de l'administration centrale, de l'administration publique, du secteur public non financier et du secteur public (FMI, 2014). Dans les difficultés de parvenir à une définition univoque, les trésors sont également définis dans les lois sur la gestion financière de la plupart des pays comme étant, les organes directeurs des ressources gouvernementales ayant la capacité de concevoir, de réglementer et émettre des lignes directrices par toutes les entités qui administrent les ressources publiques. Pour cette raison, le principe d'efficacité exige que le Trésor public national exerce un contrôle sur la totalité de ces ressources, même si une combinaison des pesanteurs empêche souvent que cela se produise, comme i) des lois sur la gestion financière qui diffèrent dans leur portée ; ii) des lois qui accordent une autonomie financière aux pouvoirs de l'État, principalement le législatif et le judiciaire ; iii) des lois qui garantissent des niveaux d'autonomie et d'indépendance dans la gestion financière des départements , des communes, etc. (Varea, 2010). La notion de trésor public n'a pas la même acception que celle présentée par la France, pays où cette notion a été transmise par mimétisme aux pays africains francophones. En France, la notion de trésor vise deux entités administratives différentes, à savoir : 1) - la Direction du Trésor, à qui incombe la responsabilité du financement des activités du gouvernement central et qui s'occupe de la gestion de la trésorerie et de la dette. Par ailleurs, elle ne joue aucun rôle au sujet de la comptabilisation des opérations ou l'exécution des paiements. 2)- le Trésor public, qui est le réseau des agents du Trésor public. Il s'agit d'une notion à la fois fonctionnelle et organisationnelle, qui ne relève pas du droit de l'administration. Toutefois, les agents font partie de la Direction générale de la comptabilité publique. Les comptables du Trésor public exécutent les paiements (et perçoivent certains impôts). Cette dichotomie constatée en France ne s'observe pas dans les pays africains francophones où la Direction Générale du Trésor exerce des fonctions qui s'apparentent à celles du Trésor public en France (réseau centralisé du trésor public), et auxquelles viennent parfois s'ajouter certaines fonctions de la Direction du trésor (gestion de la trésorerie et de la dette).

1.2. Fonction d'un trésor public

La Direction Générale du Trésor (DGT) est chargée de gérer les ressources financières du gouvernement d'un pays. Les principales fonctions d'un trésor public sont les suivantes : gestion de trésorerie, gestion de la dette, gestion des investissements, gestion du budget ; gestion des risques et de la politique fiscale. Dans cette étude, nous nous focalisons exclusivement sur son rôle de gestion de la trésorerie.

1.3. Les aspects essentiels visés par la DGT

La DGT gère les soldes de trésorerie du gouvernement afin de s'assurer que celui-ci dispose de suffisamment de liquidités pour faire face à ses obligations financières tout en maximisant le rendement de ses soldes de trésorerie. La gestion de trésorerie consiste donc à gérer les entrées et les sorties de fonds, de l'État afin de garantir que l'État dispose de fonds suffisants en cas de besoin. Dans ces conditions, le rôle de trésorerie de l'État dans la gestion de la trésorerie est le suivant :

a) - prévisions de trésorerie

La DGT gère les entrées et les sorties de fonds du gouvernement, y compris les recettes fiscales, les prêts, les subventions et les autres recettes, ainsi que les paiements pour les dépenses telles que les salaires, les pensions et le service de la dette.

b) - gestion des liquidités

La DGT gère les soldes de trésorerie du gouvernement afin de s'assurer qu'il y a suffisamment de liquidités pour répondre aux obligations à court terme, tout en investissant les excédents de trésorerie dans des instruments qui génèrent des rendements.

c) - traitement des paiements

La DGT traite les paiements pour les dépenses du gouvernement, en s'assurant que les fonds disponibles sont suffisants pour couvrir ces paiements.

d) - cash pooling

La DGT regroupe les liquidités des différentes entités gouvernementales et gère ces soldes de trésorerie de manière centralisée, ce qui permet au gouvernement d'optimiser ses ressources de trésorerie et de réduire les coûts d'emprunt.

e) - rapports

La DGT fournit des rapports réguliers aux parties prenantes sur les activités de gestion de trésorerie, y compris les soldes de trésorerie, les prévisions de trésorerie et le respect des lignes directrices en matière de gestion de trésorerie.

§2. Types des systèmes de gestion de trésorerie

Il existe plusieurs types de systèmes de gestion de trésorerie sur le marché. Ces systèmes vont du logiciel de comptabilité de base aux plateformes intégrées sophistiquées qui couvrent l'ensemble du cycle de gestion financière. Parmi les systèmes de gestion de trésorerie les plus couramment utilisés, on peut citer : les systèmes de comptabilité, les systèmes de budgétisation, les systèmes de gestion de trésorerie et les systèmes de gestion de la dette. Ces systèmes sont utilisés pour gérer les flux de trésorerie d'une organisation donnée. Ils aident les organisations à surveiller leurs positions de trésorerie, à prévoir les flux de trésorerie futurs et à investir les excédents de trésorerie. Pour Salas-Molina et al. (2021), en raison de la complexité croissante des marchés financiers et des réglementations, les systèmes de gestion de trésorerie sont devenus des plateformes sophistiquées qui gèrent toute une série d'activités, de l'évaluation des risques à la gestion des actifs. De la sorte, plusieurs organisations consacrent d'importantes ressources à l'utilisation de ces systèmes, car les décisions qui y sont prises peuvent avoir des répercussions sur l'ensemble de l'entité ou institution, de la stabilité financière aux perspectives de croissance. Plusieurs gouvernements ont adopté ces systèmes pour améliorer leur gestion des finances publiques. Dans cette perspective, le gouvernement du Congo utilise deux volets différents de gestion financière, à savoir le système de la chaîne de dépense (SIGFIP) et le système de suivi des paiements des créances de l'État (SYSPACE).

2.1. Les systèmes de comptabilité

Les systèmes de comptabilité sont utilisés pour enregistrer et traiter les transactions financières, gérer les comptes créditeurs et débiteurs et gérer des rapports financiers. Dans ce contexte, il convient de distinguer le système de comptabilité de caisse de celui de comptabilité d'exercice (Zar et Mozdabadi, 2013). La méthode de comptabilité de caisse est l'une des méthodes populaires de comptabilité pour les petites et moyennes entreprises où les revenus ne sont pas comptés jusqu'à ce que l'argent ou un chèque soit reçu, et les dépenses ne sont pas comptées jusqu'à ce qu'elles soient payées, pratiquement. Dans le cadre de la méthode de la comptabilité d'exercice, toutes les transactions financières sont comptabilisées lorsque la commande passée, que les articles sont livrés ou que les services sont effectués, quel que soit le moment où les créances sont effectivement reçues ou les paiements sont payés. En d'autres termes, le revenu est pris en compte lors de la vente et les dépenses sont comptabilisées lorsque nous recevons les biens ou les services et nous n'avons pas besoin d'attendre de voir l'argent, ou d'effectuer les paiements nécessaires pour enregistrer une transaction.

2.2. Les systèmes de gestion de trésorerie

Les systèmes de gestion de trésorerie, ou TMS, constituent des solutions logicielles spécialisées qui supervisent et gèrent les opérations financières d'une entité administrative. Ces systèmes centralisent les informations et les processus liés aux liquidités, au financement et à la gestion des risques. Un TMS bien conçu automatise des tâches complexes comme les prévisions, la collecte des données et le compte rendu, et constitue un outil important pour les entités administratives qui souhaitent optimiser leurs décisions financières. Selon Liyanapatirana et Ranjani (2017), les systèmes de gestion de trésorerie sont un outil essentiel pour le gouvernement et autres institutions publiques afin de gérer efficacement leurs ressources financières. Ces systèmes automatisent et rationalisent les processus financiers liés à la gestion de la trésorerie, de la dette et des investissements, permettent ainsi le suivi, la prévision et l'analyse en temps réel des activités financières. L'adoption de ces systèmes permet d'accroître l'efficacité, d'améliorer la prise de décision et la gouvernance financière.

2.3. Les systèmes de budgétisation

La budgétisation détaille la manière dont le plan sera exécuté année après année et couvre des éléments tels que les recettes, les dépenses, la trésorerie potentielle et la réduction des dettes. Traditionnellement, un État désigne un exercice fiscal et établit un budget pour l'année. Elle peut ajuster le budget en fonction des recettes réelles ou comparer les états financiers réels pour déterminer dans quelle mesure ils sont proches de respecter ou de dépasser le budget. En ce sens, les logiciels de budgétisation, encore appelés système de budgétisation sont des systèmes qui peuvent être procurés en tant que solution intégrée plus large de gestion des performances du gouvernement. Pour Bagdigen (2001), les solutions logicielles avancées appliquées au système de budgétisation permettent au gouvernement de ;

Mesurer et surveiller les performances grâce à des tableaux de bord et des visualisations interactives en libre-service ;

Examiner les causes profondes grâce à une analyse haute-fidélité des données riches en dimensions ;

Évaluer les tendances et faire des prédictions automatiquement à partir des données internes et externes ;

Préparer rapidement des scénarios de simulation et créer des plans et des révisions fiables en temps voulu.

2.4. Systèmes de gestion de la dette

Ces systèmes aident les organisations à gérer leur portefeuille de dettes. Ils permettent aux organisations de suivre les conditions de leur dette, de surveiller les taux d'intérêt et de planifier les remboursements de la dette. Toutefois, compte tenu du rôle essentiel de la trésorerie décrit ci-dessus, aucun de ces systèmes n'est approprié pour Gestion des finances publiques (PFM). C'est pourquoi les gouvernements se tournent souvent vers des solutions de planification de la gestion d'entreprise (ERP) du secteur privé. Malheureusement, les ERP sont également un choix.

Chapitre 2 : Étude de Cas du Trésor public congolais

Chapitre 2 : Étude de cas de trésor public congolais

Le Congo-Brazzaville, en tant que pays en voie de développement, avait un long chemin à parcourir dans la gestion des finances publiques et de l'harmonisation de celle-ci. En parallèle avec les études menées (diverses commissions de réformes mises en place) par le gouvernement congolais sur la situation de l'administration publique, d'autres réflexions ont été entreprises par des experts avec l'appui des organismes internationaux comme la Banque mondiale, le PNUD (Programme des Nations Unies pour le Développement) et Africtac Centre. Des réformes ont été instaurées pour permettre l'application de nouvelles procédures de gestion de trésorerie, basées sur les principes de la bonne gouvernance. Avec l'instauration de la réforme sur l'administration publique du Congo-Brazzaville initiée par les directives de la CEMAC (Directives de la CEMAC n°01 /11-UEAC-190-CM-22), les entreprises publiques se sont lancées dans un long processus d'implémentation de la gestion axée sur les résultats dans les finances publiques.

Le poids de l'administration congolaise, bien qu'elle soit très conséquente par rapport à d'autres pays de la sous-région à développement comparable, rencontre un handicap majeur qui se résume en une insuffisance très grave dans la gestion des finances publiques. Pour sortir de cette crise de gestion des dépenses publiques, le pays a dû tirer des enseignements des autres expériences réussies. Parmi les principaux enseignements tirés, on peut citer : l'achèvement et la finalisation des réformes entreprises, la réduction du nombre des textes juridiques, l'élimination des doubles emplois, l'allègement des structures administratives, la simplification des procédures d'engagement au niveau de la direction générale du budget et du contrôle budgétaire, le recours à des autorités indépendantes pour régler les conflits, et enfin, l'instauration de nouvelles techniques budgétaires et comptables tirés du management privé (tableaux de bord, indicateurs de performance, etc.).

Le gouvernement congolais s'est ainsi engagé dans une réforme qui vise la modernisation des finances dans le secteur financier de l'État. Les principaux objectifs tracés sont : «1- Bâtir un secteur efficace, resserré sur ses missions essentielles, dotées des ressources répondant à ses besoins réels, à l'écoute constante de son environnement et offrir un service public de qualité et au moindre coût. » (Directives de la CEMAC n°01/11-UEAC-190-CM-22).

C'est dans cette perspective que l'étude de l'apport de la gestion de trésorerie à la performance financière au sein du Trésor public revêt un intérêt capital. En effet, la gestion de trésorerie est au cœur du processus de gestion des finances publiques au sein du Trésor public et contribue ainsi à son amélioration. Il se concentre sur les points essentiels :

- Comment prévoir au quotidien le solde et les besoins de trésorerie de l'État ?
- Comment trouver suffisamment de liquidités pour répondre aux besoins accrus alors que les marchés financiers sont sous forte tension ?

La réponse à ces questions devrait s'appuyer sur les quatre grands principes fondamentaux d'une gestion de trésorerie moderne :

i) La consolidation de la trésorerie ;
ii) Les prévisions de trésorerie ;
iii) La gestion des soldes de trésorerie ;
iv) Les mécanismes institutionnels et organisationnels.

L'objectif devrait être pour les gestionnaires de la trésorerie d'optimiser l'utilisation de toutes les sources disponibles de liquidités. Les sections qui suivent font état du fonctionnement et de la pratique de la gestion de trésorerie au trésor du public.

Section 1. Généralités sur le Trésor public

Le Trésor public s'apprécie à travers ses notions (1) et ses ressources (2).

§1. Notions sur le Trésor public

Le Trésor public peut être appréhendé par ses principes et par son rôle. Loin de refléter le mimétisme du cadre légué par les colonisateurs, le Trésor public a pris d'autres dimensions dans les pays de la Zone Franc. Pour comprendre sa configuration, nous reviendrons tour à tour sur sa notion et ses compétences.

1.1. Définition du Trésor

Au sens financier, la notion de Trésor public signifie l'ensemble des moyens financiers de l'Etat. Excepté certaines institutions qui sont des entités à personnalité juridique à part entière, le Trésor public n'a pas d'existence juridique (il fait partie de l'Etat). Il est à la fois un ensemble de services et de caisses. Sa caractéristique comme ensemble de services, premier élément du Trésor, se justifie parce qu'il est constitué de services chargés des opérations d'exécution (recettes et dépenses) : direction du Trésor, direction de la comptabilité publique (dont relèvent les comptables du Trésor, organes d'exécution de la loi de finances). Par ailleurs, le Trésor regroupe en second lieu un ensemble de caisses dont la tenue est déterminée par deux principes : unité de caisse et unité de trésorerie. L'unité de caisse signifie que chaque comptable ne peut avoir qu'une caisse (même lorsqu'il effectue des opérations pour différentes personnes). Cela signifie qu'il n'y a pas de caisses particulières pour payer certaines dépenses : le Trésor est le caissier de l'ensemble des collectivités publiques.

Le principe a été précisé par Huet (1997) qui, signifie que le principe de l'unité de caisse garantit les relations de trésorerie entre l'Etat et les collectivités s'organisent via le compte d'avances sur les impositions locales. Dans cette perspective, l'Etat recouvre la fiscalité locale et avance sous forme de douzième l'impôt aux collectivités. S'agissant de l'unité de trésorerie, il suppose que le Trésor manie les fonds de l'Etat et de toutes les autres collectivités ou organismes publics.

Mais, le Trésor présente des rôles qui sont peu connus et mal interprétés .

1.2. Compétences du Trésor public

Les fonctions et les tâches du Trésor public sont d'ordre financiers, économiques et comptables. Du point de vue d'ordre financier, le Trésor public est le caissier de l'Etat : les services déconcentrés des finances publiques sont chargés du recouvrement des majorités des recettes de l'Etat, des collectivités territoriales et des établissements publics. Selon Boudet (2015), le Trésor public traduit l'unité de la trésorerie publique. Dans ce contexte, il est le financier de l'Etat qui gère la trésorerie de l'Etat et la dette publique. Cette dernière est déposée sur un compte unique ouvert à la Banque des Etats de l'Afrique centrale (BEAC). Cette fonction confère au Trésor public la possibilité d'émettre des emprunts d'Etat sous forme de bons et d'obligations du Trésor. Son rôle est de manier les fonds (tous les fonds publics en application du principe de caisse, en faisant en sorte d'ajuster la trésorerie publique : il faut résoudre le manque temporaire de trésorerie). Aussi, le Trésor public verse aux collectivités locales, sans leur faire payer d'intérêts sur ces avances, les recettes votées au budget en attendant qu'elles soient collectées (les sommes qui ne sont pas recouvrées seront à sa charge). Le Trésor public trouve enfin, les sommes nécessaires à l'Etat « pour joindre les deux bouts » quand la trésorerie est à découvert. Le Trésor public est chargé de représenter l'Etat dans ses éléments financiers (notamment dans la surveillance et la réglementation économique et financière) (Boudet, 2015). Sur l'ordre comptable, il est indiqué que dans chaque direction départementale des finances publiques, un comptable public assure la tenue de la comptabilité tout en contrôlant la régularité budgétaire de toutes les dépenses.

Par ailleurs, le Trésor public assure la couverture des soldes budgétaires déficitaires et prend en charge la dette qui en résulte.

§2. Les ressources du Trésor public

Les ressources du Trésor public sont disposées à l'Etat pour financer la trésorerie et les découverts budgétaires. Elles comprennent généralement les dépôts des correspondants du Trésor, l'emprunt et les différentes formes de bons du Trésor, mais également les disponibilités de l'Etat, lorsque les recettes sont temporairement supérieures aux dépenses (ce qui est rare en pratique).

2.1. Les disponibilités des correspondants du Trésor public

Selon Valet (2003), la notion de correspondants du Trésor recouvre l'ensemble des personnes physiques ou morales, publiques ou privées qui sont détentrices d'un compte ouvert dans les écritures du Trésor public. Ainsi, les correspondants obligatoires (au titre des lois et règlements) sont les personnes qui doivent déposer leurs disponibilités au Trésor public : collectivités locales, établissements publics, budgets annexes. Cependant, il existe des correspondants facultatifs qui sont des entreprises privées qui travaillent pour les collectivités publiques ou des particuliers qui utilisent le Trésor comme banque.

2.2. Les bons du Trésor

Les bons du Trésor sont l'un des nouveaux titres de créances négociables apparus en 1986 (Saint-Etienne, 1987). A l'origine, ils constituaient un moyen de financement de la trésorerie essentiellement réservé aux banques et à certaines entreprises. Mais, à une période donnée, le Trésor émettait de manière permanente et sans plafonnement des bons auprès du grand public. Ensuite, avec l'ampleur de leur essor, les bons du Trésor sur les formules, destinés au grand public, des bons en compte courants, destinés aux banques et aux organismes financiers (Pons, 2020). Les bons du Trésor ont évolué vers une forme des bons en comptes courants, désignés par bons du Trésor négociables (BTN).

Dans la zone CEMAC, le marché des titres publics émis par adjudication, organisée par la BEAC a vu l'entrée au e Congo le 22 février 2017. C'est un cadre alternatif permettant de mobiliser des ressources pour la couverture des besoins de financement. Selon le **règlement n°3/CEMAC/UMAC/CM** relatif aux valeurs du Trésor émises par les Etats membres de la CEMAC, les titres émis sur ce marché sont dématérialisés et assimilables. Ils sont constitués des Bons du Trésor Assimilables (BTA) et des Obligations du Trésor Assimilables (OTA). S'agissant des BTA, ils se caractérisent par des émissions des durées de 13, 26 et 52 semaines, dont la valeur nominale est fixée à 1 million de francs CFA et dont les intérêts sont précomptés. Quant aux OTA, elles sont émises pour des durées supérieures ou égales à deux ans, pour une valeur nominale de 10 000 francs CFA et dont les intérêts sont payables annuellement. D'après les statistiques de la BEAC, l'encours des valeurs du Trésor sur le marché régional de titres de la CEMAC atteint 5302 milliards FCFA en décembre 2022 (BEAC, 2022). L'essentiel de l'encours est porté par le Congo (1393 milliards FCFA, 26%), le Gabon (1312 milliards FCFA, 25%), et le Cameroun (1267 milliards FCFA, 24%). Les OTA représentent 82% de l'encours en décembre 2022 et les BTA représentaient 74% de l'encours à la même période (BEAC, 2022).

2.3. L'emprunt et la dette publique

2.3.1. L'emprunt

Le gouvernement, comme on le sait, emprunte beaucoup d'argent à intervalles plus ou moins réguliers, sur les marchés congolais des capitaux et, sur les marchés extérieurs. Gaston Jèze définit l'emprunt comme un « *procédé pour se procurer de l'argent* » (Jèze, 1929). Il explique que l'emprunt s'apprécie selon le but poursuivi, les conditions de l'opération et l'origine des deniers empruntés. Ces emprunts ont pour but, soit de combler un déficit budgétaire, soit de remplacer une émission d'obligation qui arrive à terme ou enfin, soit d'obtenir des devises étrangères pour soutenir la monnaie nationale sur des marchés des changes lorsque les pressions à la baisse sur la monnaie nationale sont jugées inacceptables.

Pour ce faire, deux situations sont à distinguer : en temps de paix, en temps de guerre (Jèze, 1929). 1) en temps de paix d'abord, l'élément essentiel à considérer est la nature de la dépense. Pendant que l'impôt n'est affecté à aucune dépense, l'emprunt lui doit au contraire être affecté. L'emprunt sans affectation spéciale n'est qu'une ressource de trésorerie, voire un expédient (Jèze, 1929). 2) Pour le temps de guerre, la légitimité de l'emprunt a suscité beaucoup de controverses dans la littérature économique. Après une analyse minutieuse des faits, Jèze (1929) a tiré des conséquences en forme de préceptes de politique : i) d'un point de vue économique, il faut financer la guerre par l'impôt. Celui-ci réduit nécessairement les consommations des individus, ce que l'emprunt ne fait pas car il laisse les classes aisées consommer, alors qu'il faut mobiliser le maximum de richesse nationale. Le recours à l'emprunt doit être modéré, car l'emprunt accélère l'inflation que tend déjà à provoquer la pression de l'impôt or l'inflation est génératrice d'injustices ; ii) d'un point de vue politique, il est beaucoup plus facile car bien accepté, d'alourdir sévèrement les impôts en temps de guerre, puis de les réduire, que de les augmenter après la guerre pour rembourser les emprunts.

2.3.2. La dette publique

La dette publique est la conséquence logique de l'emprunt. Pour les pays de la zone CEMAC, l'endettement public est devenu pratiquement le seul moyen de financer les soldes budgétaires des Etats. Le *dictionnaire des finances publiques* (Say, 1899) définit la dette publique comme « *l'ensemble des obligations que l'Etat a contractées envers ses créanciers* ». La dette publique présente trois caractéristiques principales (...). La première est d'être publique. En effet, la dette publique ne doit pas apparaître comme personnelle, c'est-à-dire comme l'engagement d'une personne, fit-elle prince ou roi, mais de la collectivité dans son ensemble. La seconde, liée à la précédente, est la *continuité*. La dette publique n'existe qu'à partir du moment où les engagements pris par un gouvernement sont par principe respectés par leur successeur. Enfin, la troisième caractéristique concerne la connaissance de la dette. La notion de dette publique ne trouve en effet un certain achèvement que dans la mesure où elle acquiert une relative stabilité et unité, cela suppose qu'elle bien identifiée. Par exemple, l'analyse de la viabilité de la dette effectuée par les services du Fonds monétaire international (FMI) a conclu que le Congo est en situation de surendettement. Le niveau de la dette a atteint 92,5% du PIB en 2022 (ce qui représente 13 milliards dollars). Ce pourcentage dépasse le seuil de convergence de la CEMAC qui stipule que « *l'encours de la dette publique (intérieure et extérieure) sur le PIB nominal doit être inférieur ou égal à 70%* »[1]. La dette publique est composée à 47% de dette extérieure et de 53,5% de dette intérieure.

[1] - Suite à la réunion des Ministres de la Zone Franc du 11 au 12 avril 2011 à N'Djamena, le Rapport de convergence adopté donne l'état du respect des critères de convergence dans la CEMAC et l'UEMOA au 31 décembre 2010.

§3. Organigramme du Trésor public

La Direction Générale du Trésor, sous l'autorité de son Directeur Général est l'organe technique qui assiste le ministre dans l'exercice de ses attributions en matière de réglementation et d'exécution du budget de l'État. La Direction Générale du Trésor public est composée de catégories de services comptables :

- Les services comptables publics principaux de l'État ;
- Les services comptables publics secondaires de l'État ;
- Les services comptables publics divisionnaires de l'État ;
- Les services comptables publics décentralisés
- Et les services non comptables des deniers
- La gestion du cybertrésor du système intégré de dépenses/recettes de l'État.

La Direction Générale du Trésor public est chargée notamment de :

- Contrôler et centraliser toutes les opérations de recettes, de dépenses et de trésorerie de l'État ;
- Organiser et coordonner les activités des services centraux non comptables, des services comptables de l'État et des services comptables décentralisés ;
- Veiller à l'élaboration, de concert avec les services compétents du Ministère responsable des finances :
- Des règles de la comptabilité publique et des plans comptables de l'État, des collectivités décentralisées, des établissements publics et autres organismes publics assujettis aux règles de la comptabilité publique ;
- Des instructions budgétaires et comptables relatives aux opérations de recettes, de dépenses et de trésorerie ;
- Des modalités de reddition des comptes administratifs, des comptes de gestion et des comptes financiers ;
- Du compte général de l'État et du projet de loi de règlement ;

- Veiller à la régulation de la trésorerie par l'équilibre du mouvement général des deniers dans l'espace et le temps, sur le réseau des postes comptables du Trésor ;
- Veiller au respect des règles et instructions ;
- Exercer les actions de contrôle et de surveillance nécessaires à la sauvegarde des intérêts du Trésor public ;
- Veiller à la régularisation des opérations budgétaires effectuées à titre provisoire ;
- Émettre et gérer les bons du trésor et autres titres publics dans le cadre des opérations relatives au marché financier ;
- Gérer la dette publique ;
- Gérer les affaires juridiques.

ORGANIGRAMME DE LA DIRECTION GÉNÉRALE DU TRÉSOR PUBLIC

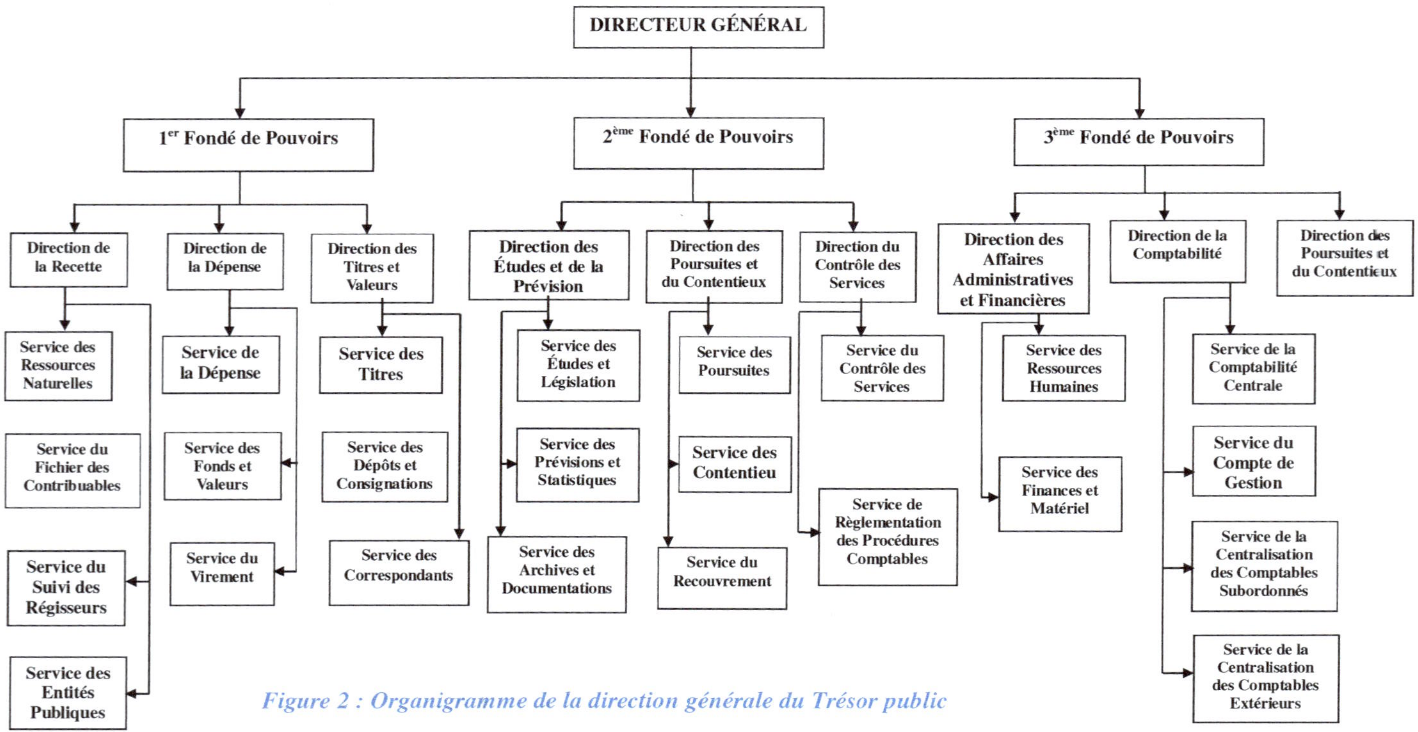

Figure 2 : Organigramme de la direction générale du Trésor public

Section 2. La gestion de trésorerie du trésor public

La trésorerie dans une entité administrative publique ne s'organise pas ex nihilo. Elle prend appuie sur des services censés l'organiser et la gérer. A cet effet, il convient de préciser son acception et avant de revenir sur

§1. Concept de gestion de la trésorerie du Trésor public

La gestion de trésorerie au sein du Trésor dépend des services responsables de la dépense, des virements, des prévisions, des recettes et des titres qui participent à l'élaboration des prévisions du plan de trésorerie. Pour renforcer la coordination des mesures de gestion de la trésorerie et de gestion de la dette afin de garantir que le financement soit accessible au moment opportun et atténuer le risque de refinancement de la dette actuelle, le Trésor du Congo s'appuie sur les services de l'entité responsable de gestion de la dette et des emprunts à long terme' Caisse congolaise d'amortissement). Dans plusieurs pays de la sous-région, la trésorerie et la dette sont gérées à l'intérieur d'un cadre intégré qui facilite la prise de décisions efficientes. Ailleurs, dans les entreprises privées, le département de gestion de la dette s'appuie sur les prévisions de trésorerie pour actualiser sa stratégie d'émission et ses plans d'emprunt, et informer la Cellule de gestion de la trésorerie des ressources disponibles. Le budget de trésorerie se prépare au trésor au sein d'une commission technique préparatoire regroupant de la direction des prévisions des différentes directions générales sous tutelle du ministère des Finances conformément aux dispositions de l'**Arrêté 10167/MEF/CAB du 11 aout 2023** portant attributions, organisation et fonctionnement de la cellule d'optimisation de la gestion de trésorerie de l'État. Cette cellule composée des directeurs généraux de toutes les structures publiques pourvoyeuses des recettes ou non sous tutelle des ministères des Finances et du Budget, de l'inspecteur général des finances, se réunit après promulgation de la loi des finances pour l'élaboration du plan de trésorerie et sa gestion. L'élaboration d'un budget trésorerie se fait dans trois étapes ; le lancement, la préparation et la consolidation par les directions des études prévisions des impôts, des douanes, des ressources naturelles et du trésor public, la codification des charges en tenant compte des priorités et l'exécution sans oublier la gestion des prévisions de la dette. Avant l'élaboration du budget de trésorerie, chaque direction générale doit se mettre à la collecte des fiches d'investissement et d'exploitation des différents ministères et les directions centrales des prévisions, membre de l'équipe technique qui regroupera les différentes charges, qui peuvent être acceptées en totalité, ou modifié suite à une diminution ou augmentation des charges d'exploitation. La Cellule aux vues des éléments financiers de la loi des finances prépare le plan de trésorerie en tenant compte en matière des recettes comme l'indique le tableau ci-après :

Tableau 1 : Recettes propres de l'État au 21/12/2022

Nature	Prévisions
Impôts et taxes intérieures	577 000 000 000
Droits et taxes de Douane	124 000 000 000
Recettes Pétrolières	1 086 000 000 000
Droits et frais administratifs	24 000 000 000
Recettes du Portefeuille	5 000 000 000
[2]Recettes minières	500 000 000
Recettes Forestières	8 000 000 000
TOTAL	**1 935 253 000 000**

Source : Loi des finances n°77-2022 du 27 décembre 2022

Ce tableau retrace toutes les prévisions des recettes propres et leur réalisation durant toute la période budgétaire indiquée.

§2. Déterminants de la gestion de la trésorerie dans les collectivités publiques

Entre 1980 et 2000, des études ont montré une hausse importante de la trésorerie des entreprises dans le monde : comment expliquer ce phénomène contraire à la théorie financière qui veut que celle-ci soit proche de zéro ?

Quels sont les déterminants de la gestion de la trésorerie qui contribuent à la bonne pratique de celle-ci ?

Une interprétation originale de ce phénomène est donnée grâce à la théorie de l'asymétrie d'information et de la gouvernance des entreprises. Sur la période 1980-2005, les rapports et études statistiques font ressortir une hausse significative de la trésorerie des entreprises. Deux chiffres peuvent nous faire comprendre ce phénomène : la trésorerie des entreprises françaises cotées est passée de 8 à 15% des actifs ; sur la même période, ces valeurs sont respectivement de 8% et de 28% pour les entreprises européennes. Cela peut paraître paradoxal, car la théorie financière nous enseigne que le niveau optimal de trésorerie doit être nul ou du moins tendre vers zéro. À ce stade, il convient d'examiner les explications qui permettent de comprendre ce phénomène. Les théories économiques, financières et de la gouvernance ont été mobilisées pour mieux appréhender les déterminants de la trésorerie des firmes. Les premières études économiques (Keynes, 1936) avancent les motifs de transaction, de précaution et d'économie d'échelle. Selon le motif de transaction, les entreprises gardent des liquidités pour faire face à leurs dépenses courantes. Comme il est coûteux pour une entreprise de transformer ses actifs en liquidités pour faire face à ses échéances, l'existence d'une trésorerie permet d'une part d'éviter des coûts de transaction, et d'autre part, de pouvoir saisir les opportunités de croissance qui se présenteront dans une collectivité publique. Le motif de précaution, proche de celui de transaction, tient dans le fait que la trésorerie permet de faire face aux sorties de fonds non anticipées lorsque d'autres sources ne sont pas disponibles ou trop chères. Ce thème a été repris au sein de la littérature sur le rationnement du crédit ou au travers de la littérature financière sur la hiérarchie des modes de financement. Enfin, le motif d'économie d'échelle avance que la trésorerie diminue avec la taille des entreprises. Cet argument est avancé par Baumol (1952 ou Tobin (1956). Les grandes firmes sont caractérisées par des ratios de trésorerie moins élevés que ceux des PME. En se fondant sur ces théories économiques, les théories financières ont cherché à circonscrire le déterminant de la trésorerie. On distingue dans la littérature des grandes théories financières. La première, se situant dans la ligne des travaux de Modigliani et Miller (1958,1963), est appelée théorie compromise. La seconde est celle du financement hiérarchique (Myers Majluf, 1984). Sur un marché parfait, Modigliani et Miller (1958) montrent que l'endettement n'a pas d'impact sur la valeur d'une entreprise. Cependant si l'on prend en compte les économies d'impôts liés à la fiscalité des sociétés, la dette présente alors l'avantage relatif, car la dette génère aussi des coûts de faillite (Modigliani : et Miller, 1963). En d'autres termes, l'endettement ne doit pas être recherché en lui-même. Cette interprétation en termes de coût/avantage a transposée à la problématique de ces théories de l'agence sur les asymétries d'information et les divers intérêts des parties prenantes au contrat. La théorie de l'agence peut se manifester entre les dirigeants et des actionnaires. En théorie, les dirigeants se doivent agir que dans l'intérêt des actionnaires et de maximiser la valeur de l'entreprise. Néanmoins ils peuvent se reporter de façon opportuniste, et cela selon de multiples façons. Si l'on considère que leurs revenus sont généralement fonction de la taille de l'entreprise, les géants seront tentés de maximiser le chiffre d'affaires -CA- (et non les bénéfices) pour se bâtir des empires propres à renforcer leur prestige. Les stratégies d'investissements constituent un second moyen par lequel les dirigeants peuvent abuser de leur pouvoir. Dans la mesure où leur rémunération dépend exclusivement de l'entreprise qui les emploie, ils choisissent des projets d'investissement dont le binôme rentabilité/risque est excessivement faible (fusion de conglomérat par exemple). Ces effets de diversification ne vont généralement pas dans le sens des intérêts des actionnaires. Les dirigeants peuvent également aller à l'encontre des intérêts des actionnaires en s'attribuant des rémunérations excessives grâce à la domination qu'ils exercent au sein du conseil d'administration. Pour contrer ces attitudes opportunistes, les actionnaires vont chercher à mettre en œuvre des moyens de contrôle destinés à éviter ces comportements opportunistes. Ces contrôles ont un coût appelé coût d'agence. La théorie du signal a été mise en évidence en 1970 par Akerlof.

Prenant l'exemple des voitures d'occasion où l'asymétrie d'information entre vendeurs et acheteurs est très forte, l'auteur montre qu'à l'équilibre, il n'y a pas d'échange, la situation remettant en cause l'existence même du marché. En d'autres termes, Akerlof montre que l'asymétrie d'information peut « tuer » le marché. Cette conclusion découle du fait que l'asymétrie d'information se traduit par un prix moyen unique offert pour des produits de qualité pourtant très différente. Dès lors, les détenteurs de produits de bonne qualité refusent de vendre leur bien à un prix ne correspondant pas à sa qualité réelle. En revanche, les détenteurs de biens de mauvaise qualité sont tout à fait désireux de céder leur bien à ce prix moyen inespéré.

2.1. Indicateur de portée institutionnelle

Dans le cadre de cet indicateur, il s'agit de savoir quelles recettes et dépenses, ainsi que les actifs et passifs financiers relèvent de la responsabilité de la DGT. Ensuite, il sera question de définir l'étendue du compte unique du trésor (CUT). Suivant les réformes entreprises par le gouvernement du Congo, notamment le décret n°187-2000 du 10 août 2000 portant réglementation relative à la comptabilité publique, le champ d'application du CUT couvre le plus souvent les institutions gouvernementales. Mais, cette étendue est sujette à de nombreuses controverses tenant compte des spécificités de certains pays. Le tableau 1 ci-dessous synthétise les différentes institutions liées à alimenter le CUT.

Tableau 2 : Portée institutionnelle du compte unique du Trésor public

State institutions (Central government)		**Central government (Autonomous and decentralized)**
A	B	C
• Presidency of Replublic • All ministries • Public ministry (District Altorney, Altorney General) • Count of audit or Comptrolier's office • Civil of service or civil registry • Office of the ombudsman	• Legislative branch • Judicial branch • Electoral commission • Count • Operational conseils	• Social security • National hospitals • Decentralized institutions/Agencies ascribed to different ministries • Public universities • Public founds • Transferts to subnational governments (States,departements, municipalities) • External ressources

<u>Source</u> : Construction de l'auteur à partir des données de Varéa et Arostequiberry (2016)

2.2. Indicateurs de revenus

Au titre des aspects administratifs et financiers, il est important de noter que pour tout trésorier du secteur public, le scénario optimal est que les revenus déposés au compte unique du trésor soient la somme de toutes les ressources de l'État. En effet, toutes les ressources de l'État doivent être alimentées dans un seul compte afin de lui permettre de mesurer à terme échu, s'il est en besoin ou en capacité de ses moyens financiers. Mais, la pratique voudrait que dans tous les pays d'Afrique Subsaharienne, il est collecté dans le CUT, principalement des recettes fiscales.

S'agissant des revenus de fonctionnement collectés par les services publics (de l'administration centrale) et d'autres entités publiques décentralisées (CNSS, universités, etc.), ils sont collectés directement par les institutions concernées et, dans divers pays, les recettes ne sont pas collectées et déposées dans le CUT. Ainsi, pour mesurer la portée, l'efficacité, l'économie et l'utilisation de la technologie pour la collecte des recettes, quatre indicateurs sont souvent proposés, à savoir :

i) Montant des recettes collectées par la DGT au moyen du CUT/budget total exécuté (y compris les recettes reçues des agences non commerciales du gouvernement central), exprimé en pourcentage ;
ii) Temps nécessaire pour transférer les recettes au trésor (en jours) des banques collectrices ou des bureaux de perception des impôts vers le CUT (en jours);
iii) Frais de recouvrement des recettes payés aux banques par le trésor (unités monétaires) ; et
iv) Part de collecte électronique des recettes (en pourcentage).

Il a pour objectif de présenter le modèle revenu-dépense et de mettre en évidence la notion de multiplicateur de politique économique. Si le modèle est relativement simple – sans être simpliste – puisqu'il n'intègre que le marché des biens et services, il permet de comprendre comment l'équilibre macroéconomique s'établit en précisant, notamment, les composantes de la demande globale. Le modèle revenu-dépense permet également de comprendre la nécessité de l'intervention de l'État pour résorber une situation de déséquilibre macroéconomique. Le modèle revenu-dépense introduit plusieurs nouveaux concepts au premier rang desquels la différence entre l'équilibre comptable et l'équilibre macroéconomique. Dans l'analyse keynésienne, il peut effectivement apparaître un déséquilibre macroéconomique, c'est-à-dire un écart entre ce que les agents « souhaitent » et ce qu'ils observent. C'est la fameuse différence entre l'équilibre ex ante et l'équilibre ex post. L'équilibre comptable est réalisé lorsque, sur le marché des biens et services, l'ensemble des échanges est effectué, i.e. lorsque, par construction, les biens et services fournis sont égaux à la demande effective de biens et services. Il s'agit d'un équilibre ex post puisqu'il est observable a posteriori, i.e. une fois que l'ensemble des échanges s'est produit.

2.3. Indicateurs de Dépenses

La perception traditionnelle selon laquelle les trésoriers de la DGT sont de simples payeurs de l'État est devenue obsolète et parfois erronée. Les indicateurs de dépenses devraient refléter les gains d'efficacité par le trésor grâce à la centralisation des paiements de l'État, à la consolidation de la gestion de toutes les ressources institutionnelles, au paiement de la propriété, tout en garantissant des niveaux de décentralisation opérationnelle et d'autonomie de gestion. Les paiements de l'État doivent être effectués sur la base d'une prévision de trésorerie et d'un plan financier bien structurés. Dans ce contexte, cinq (5) indicateurs essentiels relatifs à la gestion des paiements sont proposés (Varéa et Arostequiberry (2016) :

i) L'efficacité des paiements au regard du plan de trésorerie ;
ii) L'efficacité du CUT ;
iii) Le délai d'exécution des paiements ;
iv) Le coût des processus ; et
v) L'utilisation des médias électroniques. Les mesures de l'indicateur des dépenses sont les suivantes :

1) Dépenses totales/ dépenses prévues, sur une base mensuelle, dans le plan de trésorerie (pourcentage de la moyenne sur 12 mois) ;

2) Total des paiements de l'État effectués par le trésor chaque mois au moyen du CUT/total des paiements mensuels de l'État au niveau de l'administration centrale, en utilisant tout autre compte (en pourcentage) ;

3) Délai mis par le CUT pour effectuer les paiements au bénéficiaire final (en jours)

4) Frais de transaction par le paiement (en unités monétaires) ; et

5) Part des paiements effectués par voie électronique (en pourcentage du total).

2.4. Indicateurs de gestion de trésorerie disponibles

La trésorerie disponible est un enjeu crucial pour les entreprises de toute taille. Elle permet de mieux appréhender la capacité d'autofinancement de la société, de gérer efficacement les liquidités et de faire face à diverses situations financières.

§3. Le compte unique du Trésor

D'origine anglaise, le mot « budget » est un document de prévision qui représente des programmes d'actions chiffrés et utilisé comme outil d'aide au pilotage (Kindo, 2022). Ainsi, toutes les recettes (y compris les recettes fiscales, les décaissements provenant de prêts étrangers et les ventes de titres intérieurs publics) et toutes les dépenses sont compensées directement par l'intermédiaire du CUT qui est conservé par la BEAC.

3.1. Concept de compte unique du Trésor

Le compte unique du Trésor est l'une des politiques financières mises en œuvre par le gouvernement d'un pays pour consolider tous les revenus de toutes les collectivités publiques. En tant que système de comptabilité publique, l'objectif principal du CUT est d'assurer la responsabilité des recettes publiques, d'améliorer la transparence et d'éviter l'utilisation abusive des fonds publics.

Le CUT comprend les comptes opérationnels de l'Etat en monnaie locale et en devises, à savoir en dollars américain (USD) et autres monnaies cotées, à partir desquels toutes les recettes publiques sont créditées et toutes les dépenses et obligations publiques sont couvertes. La consolidation de la trésorerie facilite la mise en commun de toutes les liquidités à la disposition du Trésor, ce qui facilite l'optimisation de leur utilisation lorsque les tensions budgétaires s'exacerbent.

Le Trésor public qui dispose d'un compte unique du Trésor (CUT) fonctionnel, il est plus facile de surveiller et de contrôler les flux et les soldes de trésorerie en période de crise.

Ces pays peuvent en effet, lorsqu'il est possible de le faire, étendre la couverture du CUT et accélérer le débit des flux de trésorerie. Bien des administrations comptent cependant des ministères, organismes et unités extrabudgétaires qui détiennent de nombreux comptes dont la gestion échappe au contrôle du Trésor. Voici quelques mesures pour consolider la trésorerie à court terme :

- ✔ Habiliter le Trésor à consolider dans le CUT ou le compte principal de l'État toutes les liquidités détenues par les ministères, organismes et unités extrabudgétaires de l'administration.
- ✔ Recenser tous les soldes de trésorerie importants de l'administration centrale détenus à l'extérieur du CUT ou du compte principal. Il peut être utile à cet égard d'émettre une directive enjoignant aux banques de communiquer l'information dont elles disposent sur ces soldes afin de dresser la liste de ceux qui devraient être consolidés.

Les pays sans CUT devraient tout de même s'efforcer d'établir la valeur globale de leurs soldes de trésorerie consolidés, une information utile pour quantifier les ressources disponibles et les besoins des entités publiques, et exiger que celles qui disposent de suffisamment de ressources dans leurs propres comptes bancaires utilisent leurs propres liquidités avant d'en recevoir de nouvelles.

Dans la mesure où il est possible de le faire et en consultation avec la banque centrale, ces pays devraient s'efforcer de consolider les soldes détenus dans des comptes bancaires commerciaux dans leur propre compte principal. Par exemple, un système de nivellement peut être mis en place afin que les soldes de fin de journée des comptes bancaires commerciaux soient transférés dans le compte principal du Trésor à la banque centrale. Ces opérations peuvent avoir lieu sans fermer les comptes bancaires qui demeurent nécessaires pour effectuer les transactions. La banque centrale devrait tenir compte des incidences d'un mécanisme de cette nature sur la position de liquidité du système bancaire.

On peut voir que le tableau regroupe l'ensemble des charges d'exploitation que l'unité avait prévu de financer pour la clôture de l'année 2022 et initial de 2023, et en ce qui concerne l'année 2023 il est prévu de dépenser un montant de

§4. Elaboration du Plan de Trésorerie

Un plan de flux de trésorerie est une projection enregistrée du montant et du calendrier de toutes les entrées et sorties de trésorerie prévue au cours de la période de planification. Selon Dove (2006), le plan de trésorerie présente trois caractéristiques essentielles : i) établit des niveaux cibles des recettes et des dépenses, qui peuvent être utilisés pour suivre les progrès accomplis dans la réalisation des objectifs ; ii) signale les problèmes potentiels liés au respect des obligations financières ; iii) indique quand les liquidités sont disponibles pour de nouveaux investissements. Dans la pratique, l'élaboration du budget de l'État est encadrée par plusieurs documents administratifs et financiers compilés, en tenant compte du cadrage macroéconomique et des dispositions des directives de la CEMAC. La direction générale du budget avec les différents directeurs de planification des différents ministères, après les conférences budgétaires, se met au travail pour produire le budget. De la budgétisation au contrôle budgétaire, tous les acteurs des finances (directions générales pourvoyeuses des recettes) conviés à l'élaboration de celui-ci se relaient pour ajuster et atteindre l'équilibre espéré. Ainsi, le budget de l'État du Congo exercice 2022 en recettes et en dépenses conformément aux tableaux ci-après :

: En recettes

Tableau 3 : Recettes de 2022

Nature	Prévisions
Impôts et taxes intérieures	577 000 000 000
Droits et taxes de Douane	124 000 000 000
Recettes Pétrolières	1 086 000 000 000
Droits et frais administratifs	24 000 000 000
Recettes du Portefeuille	5 000 000 000
Recettes minières	500 000 000
Recettes Forestières	8 000 000 000
Dons et Legs	37 000 000 000
Cotisations Sociales	73 753 000 000
TOTAL	**1 935 253 000 000**

Source : LOF 2022

: En Dépenses

Tableau 4 : Recettes de l'État 2022

Nature	Prévisions
Charges financières de la dette	172 092 000 000
Dépenses de personnel	379 000 000 000
Dépenses de bien et services	187 000 000 000
Dépenses de Transfert	487 100 000 000
Dépenses d'investissement	327 500 000 000
Autres dépenses	64 900 000 000
TOTAL	**1 617 592 000 000**

Source : LOF 2022 (Doye, 2006)

4.1. Plan de financement à court, moyen et long terme

Étudier les possibilités de financement extérieur (préférentiel), y compris l'éventail élargi d'options de financement offertes par les institutions financières internationales.

Dans de nombreux cas, la capacité des marchés intérieurs de financer les dépenses additionnelles requises est limitée. Dans d'autres zones monétaires, les banques centrales ont acheté davantage de titres publics et se trouvent donc à financer indirectement l'État. C'est le cas de la politique adoptée par la Banque des États d'Afrique centrale au plus fort de la crise de covid. Cette option a été envisagée qu'avec beaucoup de prudence, de peur de bousculer les banques et les différents acteurs du marché, car cette liquidité additionnelle dans le système financier est susceptible d'y engendrer des pressions inflationnistes. Dans la mesure du possible, il a été préférable de privilégier le financement préférentiel, les dons et le financement par le marché pour gonfler leurs ressources pour l'année 2022. Ce travail d'élaboration avait consisté en premier d'étudier les possibilités d'allégement temporaire de la dette. Ces mesures d'allègement ont libéré des ressources qui ont été alors être réaffectées à d'autres usages. Selon le profil de dépenses, une partie de l'espace budgétaire additionnel a ainsi servi à augmenter les réserves de liquidités destinées à un usage ultérieur. Cela a conduit à réviser les programmes d'emprunt fondés sur les prévisions de trésorerie de l'année N+1 et de gérer la dette avec souplesse.

Pour le budget d'investissement, chaque projet est codifié par un compte analytique et a une fiche de projet d'investissement qui contient toutes les informations historiques et prévisionnelles (intitulé, planning prévisionnel, état de réalisation physique et financière…).

Le budget d'investissement est pluriannuel. Toutefois l'autorisation budgétaire est donnée pour l'exercice en cours, bien que l'accord de principe soit donné pour tout le projet.

Dans notre travail nous allons prendre la réalisation de l'année 2022 et les prévisions pour les prochaines années, afin d'expliquer la procédure de l'élaboration du budget de trésorerie au niveau du Trésor.

Le logiciel « BigFinance » s'occupant de la combinaison de ces charges et prévisions nous a permis de faire le tableau suivant :

4.1.1. Plan de financement à court terme

Après que le budget d'investissement et le budget d'exploitation soient élaborés et contrôlés, le gap de financement identifié, la direction générale du Trésor à travers la direction des Titres et Valeurs va s'en servir afin de dresser un plan de financement, qui comprend deux compartiments : le plan de financement à court terme et le plan de financement à long terme.

Le besoin de financement à rechercher sur le marché intérieur s'élève à cinq cent vingt-cinq milliards **(525 000 000 000)** de francs CFA repartis de la manière suivante :

Il s'agit des opérations de trésorerie qui ne dépassent les 12 mois de la période budgétaire. Ces opérations permettent au Trésorier Payeur Général d'anticiper sur les dépenses d'urgences de fonctionnement de l'État.

Tableau 5 : Emissions de bons du trésor assimilables (BTA)

Instrument	Prévisions	Maturités
Bons du Trésor Assimilable	100 000 000 000	26 Semaines
Bons du Trésor Assimilable	100 000 000 000	52 Semaines
Bons du Trésor Assimilable	85 000 000 000	13 Semaines
TOTAL	**285 000 000 000**	

Source : DTV/DGT

4.1.2. Plan de financement à moyen et long terme

Il s'agit des opérations relevant des grands programmes d'investissement à long terme qui peuvent aller de l'année N à l'année N+1,2,3,4 et 5. Il permet à l'État d'exécuter les différents budgets d'investissements et de grands projets de création d'infrastructures destinées au développement.

Tableau 6 : Émissions des obligations du trésor assimilables à moyens et long terme (OTA)

Instrument	Prévisions	Maturités
Obligations du Trésor Assimilables	50 000 000 000	2 ans
Obligations du Trésor Assimilables	90 000 000 000	3 ans
Obligations du Trésor Assimilables	100 000 000 000	4 ans et 5 ans
TOTAL	**240 000 000 000**	

Source : DTV/DGT

Tableau 7 : Plan de trésorerie

Nature	Jan-Fev-Mars		Avril-Mai-Juin		Juil-Août-Sept		Oct-Nov-Déc		TOTAL	
	Prév.	Réal.	Prév.	Réal.	Prév.	Prév.	Prév.	Réal.	Prév.	Réal.
I- Recettes	**438,93**	**901,42**	**459,24**	**934,96**	**452,39**	**708,77**	**448,93**	**650,20**	**1 799,50**	**3 195,35**
Report de trésorerie		511,54		436,22		202,41		128,50	**0,00**	**1 278,67**
I.1 Recettes pétrolières	264,90	152,85	264,90	257,03	264,90	246,50	264,80	256,36	**1 059,50**	**912,73**
I.2 Impôts	133,49	197,03	155,24	197,90	146,72	196,77	141,55	228,95	**577,00**	**820,65**
Impôts directs	75,84	130,30	55,88	133,60	49,36	130,00	45,19	148,00	**226,26**	**541,90**
Impôts indirects	64,35	59,50	81,05	58,00	86,73	56,90	82,93	75,30	**315,06**	**249,70**
Recettes non fiscales	2,04	7,23	7,34	6,30	12,34	9,87	13,96	5,65	**35,68**	**29,05**
I.3 Douanes	30,79	30,20	29,35	34,30	31,02	41,50	32,84	2960	**124,00**	**138,60**
I.4 Autres	**690,90**	**823,83**	**627,29**	**885,50**	**727,04**	**651,67**	**752,76**	**627,79**	**39,00**	**44,70**
II- Dépenses	**418,39**	**579,64**	**332,79**	**596,35**	**390,84**	**452,45**	**566,18**	**593,40**	**2 797,59**	**2 959,00**
II.1 Dépenses obligatoires	141,80	0,00	141,70	0,00	143,20	0,00	178,60	0,00	**1 708,19**	**2 089,45**
II.1.1 Salaires	141,80	0,00	141,70	0,00	143,20	0,00	178,60	0,00	**605,30**	**0,00**
II.1.1.1 Salaires Etat	85,10	0,00	85,00	0,00	86,50	0,00	121,90	0,00	**378,50**	**0,00**
II.1.1.2 Salaires Transfert	56,70	0,00	56,70	0,00	56,70	0,00	56,70	0,00	**226,80**	**0,00**
II.1.2 Compte séquestre	0,00	0,00	0,00	0,00	0,00	0,00	0,00	0,00	**0,00**	**0,00**
II.1.2.1 Emprunt obligataire	0,00	0,00	0,00	0,00	0,00	0,00	0,00	0,00	**0,00**	**0,00**
II.1.3 Service de la dette	276,59	597,64	191,09	596,35	247,64	452,45	387,58	443,01	**1 102,89**	**2 089,45**
II.1.3.1 Dette extérieure	115,32	241,70	67,76	291,80	87,03	234,80	680,40	74,70	**338,16**	**843,00**
II.1.3.2 Dette intérieure	135,45	301,84	98,56	244,85	120,25	160,05	220,39	309,11	**573,65**	**1 015,85**
Dont : Remboursement OTA	58,78	56,77	23,12	21,65	13,91	11,41	88,88	94,42	**184,70**	**184,25**
Remboursement BTA	76,66	89,97	74,43	108,69	106,34	108,74	131,51	88,89	**388,94**	**396,40**
Dette Sociale	0,00	155,10	0,00	114,50	0,00	39,90	0,00	125,70	**0,00**	**435,20**
II.1.3.3 Intérêts	25,82	54,10	25,76	59,70	40,36	57,60	99,14	59,20	**191,08**	**230,60**
II.1.3.3.1 Intérêts dette intérieure	6,00	21,20	11,97	34,80	22,22	19,50	86,76	39,50	**126,95**	**115,00**
II.1.3.3.1 Intérêts dette extérieure	19,82	32,90	13,79	24,90	18,14	38,10	12,38	19,70	**64,13**	**115,60**
II.2 Dépenses Prioritaires	96,91	49,60	83,69	57,14	99,00	50,37	66,50	44,85	**346,10**	**201,95**
II.2.1 Biens et services	0,90	0,07	2,59	0,44	1,80	0,81	2,30	0,88	**7,59**	**2,20**

II.2.2 Transferts	43,51	13,21	39,10	31,59	32,70	19,87	26,80	27,82	**142,11**	**92,49**
II.2.2 Investissements	38,40	30,37	27,90	25,11	50,40	29,68	23,30	16,16	**140,00**	**101,32**
II.2.2.1 Investissement sur financement intérieur	7,80	5,37	9,10	8,91	33,80	19,68	5,70	4,16	**56,40**	**38,12**
II.2.2.1 Investissement sur financement extérieur	30,60	25,00	18,80	16,20	16,60	10,00	17,60	12,00	**83,60**	**63,20**
II.2.3 Autres dépenses prioritaires	14,10	5,95	14,10	0,00	14,10	0,00	14,10	0,00	**56,40**	**5,95**
II.3 Autres	175,19	176,59	210,81	232,03	237,20	149,05	120,10	139,93	**743,30**	**697,60**
II.3.1 Biens et services	56,80	96,06	75,41	111,15	70,30	50,86	7,10	43,66	**209,61**	**301,73**
II.3.2 Transfert	46,69	40,12	69,30	82,04	96,40	45,18	55,20	59,99	**267,59**	**227,33**
II.3.3 Investissements	47,40	0,18	42,50	2,69	48,30	9,61	38,30	4,95	**176,50**	**17,44**
II.3.3.1 Investissements sur financement intérieur	24,60	0,00	27,10	0,00	25,60	0,00	28,30	0,00	**105,60**	**0,00**
II.3.3.2 Investissements sur financement extérieur	22,80	0,00	15,40	0,00	22,70	0,00	10,00	0,00	**70,90**	**0,00**
II.3.4 Autres dépenses	1,20	17,13	2,10	14,65	2,10	23,30	3,00	14,82	**8,40**	**69,89**
II.3.5 Budget annexes	0,40	0,40	0,80	0,80	0,70	0,70	0,10	0,10	**2,00**	**2,00**
II.3.6 Comptes spéciaux du trésor	22,70	22,70	20,70	20,70	19,40	19,40	16,40	16,40	**79,20**	**79,20**
III. Solde	**-251,56**	**77,58**	**- 168,05**	**49,45**	**- 274,65**	**56,69**	**-303,83**	**22,41**	**-998,09**	**206,35**
IV. Financement	**163,00**	**396,07**	**126,00**	**142,39**	**84,00**	**162,26**	**152,00**	**339,36**	**525,00**	**1 040,07**
IV.1 Appuis budgétaires	**0,00**	**0,00**	**0,00**	**0,00**	**0,00**	**19,70**	**0,00**	**33,10**	**0,00**	**52,80**
IV. 2 Emissions OTA	**70,00**	**318,33**	**55,00**	**49,38**	**30,00**	**56,27**	**85,00**	**170,51**	**240,00**	**594,49**
IV.3 Emissions BTA	**93,00**	**77,73**	**71,00**	**93,00**	**54,00**	**86,29**	**67,00**	**135,75**	**285,00**	**392,78**
IV.4 Emprunt obligataire	**0,00**	**0,00**	**0,00**	**0,00**	**0,00**	**0,00**	**0,00**	**0,00**	**0,00**	**0,00**
Gap Résiduel	**-88,56**	**473,66**	**-42,05**	**191,84**	**- 190,65**	**219,17**	**-151,83**	**361,76**	**-473,09**	**1 246,41**

4.2. Le compte unique du trésor (CUT) et la gestion de la trésorerie

4.2.1. Définition et principales caractéristiques du compte unique du trésor

Le fonds monétaire international (FMI, 2010) a défini le compte unique du trésor comme une « structure unifiée des comptes publics qui donnent une vue consolidée des ressources de trésorerie du gouvernement. Sur la base de ce principe et de l'unité du trésor, un compte unique du trésor est un compte bancaire ou un ensemble de comptes liés par lesquels le gouvernement effectue toutes ses recettes et tous ses paiements. Pour Adeolu (2016), le maintien d'un compte unique du trésor contribuera à assurer une bonne gestion de la trésorerie en éliminant les fonds inutilisés habituellement laissés aux banques de dépôt et en améliorant d'une certaine manière le rapprochement de la collecte des recettes et des paiements. Pour le fonds monétaire international (FMI, 2010), dans les pays où les comptes bancaires de l'État sont dispersés, la création d'un compte unique du trésor devrait être l'une des priorités de la réforme des finances publiques. Le compte unique du trésor est fondé sur le principe de l'unité de la trésorerie. Il se compose d'un compte bancaire ou d'une série de comptes liés à partir desquels l'État effectue la totalité de ses encaissements et de ses décaissements. Comme le précise Isa (2016), le principe de l'unité de trésorerie s'appuie sur celui de fongibilité des ressources (ou de l'unité de l'argent liquide) (Varea, 2010), quelle que soit leur utilisation finale. Avec le compte unique du trésor, le gouvernement prévoit de bloquer toutes les failles et fuites de ressources financières du gouvernement et d'assurer un système de gestion financière solide. Au Congo, le compte unique du trésor est issu de la directive n°1/08-UEAC-190-CM-17 relative aux lois de finances dans les pays de la CEMAC et, qui a permis l'adoption de la loi n°36-2017 du 03 octobre 2017 relative aux lois de finances. Le compte unique du trésor présente trois caractéristiques (Isa, 2016). Premièrement, la structure des comptes bancaires de l'État doit être unifiée pour permettre au ministère des Finances (ou à la Direction générale du trésor) de suivre les mouvements de fonds à destination ou en provenance des comptes. Une 8 structure unifiée des comptes bancaires gouvernementaux permet une fongibilité complète de toutes les ressources de trésorerie, y compris en temps réel si le système d'information intégré de gestion financière (IFMIS) est effectif. La structure du compte unique du trésor peut contenir des sous-comptes de grand livre dans une seule institution bancaire, et pas nécessairement dans les livres de l'institut d'émission et, peut aussi accueillir des comptes extérieurs à solde nul dans certaines banques commerciales. Deuxièmement, aucun autre organisme administratif ne dispose de comptes bancaires échappant au contrôle du trésor. Les options d'accès et d'exploitation du compte unique du trésor dépendent principalement des structures institutionnelles et des systèmes de règlement des paiements. Troisièmement, la consolidation des ressources de trésorerie du gouvernement doit être globale et englober toutes les ressources de trésorerie du gouvernement, qu'elles soient soumises ou non à un contrôle budgétaire (Yusuf et Chiejina, 2015). Toutefois, le compte unique du trésor présente certains objectifs et avantages.

4.2.2. Les objectifs et les avantages du compte unique du trésor

Les avantages du compte unique du trésor découlent de ses objectifs. Selon Isa (2016), le principal objectif d'un compte unique du trésor est de garantir un contrôle effectif de l'ensemble des liquidités de l'État. La consolidation des ressources à travers un système de compte unique du trésor facilite la gestion de la trésorerie publique en permettant une réduction maximale des coûts d'emprunts. En l'absence de compte unique du trésor, des encaisses oisives existent dans plusieurs comptes bancaires. Dans son étude, Isa (2016) a montré que le contrôle effectif de la totalité des liquidités est aussi un élément fondamental de la gestion monétaire et budgétaire.

§5. Intégration des technologies de l'information et de la communication (TIC) dans le processus électronique d'encaissement et de paiement

Le système d'information et de communication est actuellement la clé de voûte de l'entreprise. Il permet de collecter, de traiter, de communiquer toutes les informations stockées, archivées et générées par l'entreprise. Toutes ces informations sont capitales pour sa survie et représentent son histoire et son savoir-faire. Quelles sont les orientations et les perspectives de l'apport des nouvelles technologies dans les différentes phases de gestion de cette information ? Les systèmes dits d'aide à la décision et les systèmes de Gestion Electronique de Documents répondent à cette multitude d'informations et permettent de mettre en avant de nouvelles pistes de recherche.

5.1. Le rôle des technologies de l'information et de la communication dans la gestion de la trésorerie

De l'avis de Vernimmen (2012), la gestion de la trésorerie s'attache au traitement des encaissements et décaissements de liquidités ainsi que des mouvements de fonds à l'intérieur d'une organisation. En raison du développement des systèmes d'information, la gestion de la trésorerie s'est automatisée. Ainsi, l'existence du concept d'intermédiaire et du compte unique du trésor (CUT) a été renforcée dans les années 1990 avec l'avènement des technologies de l'information et de la communication, qui ont conduit au développement de nouveaux outils pour enregistrer et gérer les flux de trésorerie du gouvernement et les soldes. De ce fait, les procédures opérationnelles ont été rationalisées et les délais de traitement des transferts financiers ont été réduits. L'innovation technologique a également éliminé des processus qui par le passé étaient effectués uniquement au moyen des 6 registres et des procédures comptables sur un large éventail de comptes bancaires répartis dans divers bureaux étalés sur le territoire d'un pays. En outre, les TIC ont facilité l'enregistrement et le rapprochement automatisés, ainsi que renforcé le contrôle des flux de trésorerie et des soldes. Les avantages des TIC comprennent également, l'élimination des processus manuels, la réduction des erreurs et du temps nécessaire au traitement des opérations et le développement d'une base de données étendue qui a le potentiel de générer des informations pour la prise de décision aux niveaux opérationnels et stratégiques.

5.2. Rôle des systèmes intégrés d'information sur la gestion financière (IFMIS) dans le soutien des processus de collecte, de paiement et de comptabilité

La plupart des pays d'Afrique subsaharien, soutenus par les partenaires au développement (Fonds monétaire international, Banque mondiale), ont fait des investissements considérables dans le développement des systèmes d'information de la gestion financière (IFMIS) pour automatiser les fonctionnalités de la gestion des finances publiques afin d'accroître l'efficience allocative des ressources, la crédibilité budgétaire et la transparence (Diamond et Khemani, 2015) L'objectif principal d'un IFMIS est d'améliorer la préparation et l'exécution du budget afin d'obtenir un meilleur rapport qualité-prix, une meilleure efficacité, transparence et responsabilité dans la prestation des services gouvernementaux (Kahari et al., 2015). Un IFMIS est un outil informatique qui a été développé pour soutenir l'exécution des activités principales de gestion des finances publiques. L'utilisation de l'IFMIS au Congo se limite aux ministères dépensiers. En effet, l'étalement de cet instrument à toutes les structures administratives centrales ou déconcentrées, permet au gouvernement d'aborder la gestion des finances publiques de manière holistique et réduit la fragmentation dans la saisie et l'analyse des données. L'introduction d'un IFMIS unique qui couvre les niveaux et toutes les composantes de l'administration publique, en particulier dans les administrations locales (ou collectivités territoriales), est censée : i) améliorer la gestion financière et l'adoption d'une gestion appropriée des ressources publiques pour une meilleure prestation de services (Gcora et Chigona, 2019) ; ii) accroître 7 l'exhaustivité et l'efficience du personnel et des services des communes ; iii) améliorer la responsabilité financière grâce à un prompt compte rendu (Muhamud et al., 2019).

Chapitre 3 : Gestion de la Trésorerie

Chapitre 3. Gestion de la trésorerie

Ce chapitre résume l'état de l'art tant théorique qu'empirique sur la relation de l'efficacité du compte unique du trésor et du système intégré de gestion financière sur la gestion de la trésorerie.

Section 1. Revue de la littérature

S'il existe une littérature abondante traitant de la gestion de trésorerie en entreprise, il n'existe pas d'équivalent s'agissant des collectivités publiques. Dans les développements qui vont suivre, nous essayons de montrer comment une gestion efficace de trésorerie dans le secteur peut conduire à une meilleure gestion des liquidités dans la littérature.

§1. Revue théorique

1.1. La théorie de la gestion des finances publiques

Cette théorie stipule que tous les aspects des ressources financières- mobilisation et dépenses – doivent être bien gérés au sein du gouvernement au profit des citoyens. Il comprend la mobilisation des ressources, la hiérarchisation des programmes, les procédures budgétaires, la gestion efficace des ressources et l'application d'un contrôle pour lutter contre les menaces. Le compte unique du trésor (CUT) vise principalement à éviter une mauvaise utilisation des fonds.

1.2. La théorie de l'innovation de contournement

Cette théorie a été développée par Kane (1981). Elle s'appuie sur le fait que la discipline réglementaire et la discipline de marché sont les moyens alternatifs pour la société d'allouer et de distribuer des ressources précieuses. La réglementation commande des résultats politiquement plus souhaitables que ceux susceptibles d'être obtenus par le jeu sans entrave de forces du marché. Pour Kane, les diverses réglementations gouvernementales ayant la même caractéristique d'imposition inhérente pour entraver l'activité rentable absorbée par une entité et la possibilité de réaliser des bénéfices, de sorte que les réglementations de marché nouvellement introduites doivent être considérées comme un processus toujours en lutte entre les forces économiques et politiques indépendantes. Dans ces conditions, les institutions financières ont principalement la responsabilité de traiter des problèmes tels que la réduction des bénéfices et l'incapacité de gérer les réglementations induites par le gouvernement pour réduire la perte probable à son unité la plus basse. Cependant, les innovations financières sont certainement causées par le désir de réaliser des profits et de contourner les lois gouvernementales. Elle est facilitée par le jeu entre le gouvernement et les unités économiques microéconomiques.

1.3. La théorie du modèle de Weick

Cette théorie tient compte de la nature très intéressante et rapide de l'entreprise d'aujourd'hui et réduit l'équivoque (Czarniawska, 2014). La difficulté se résume à tout manque de productivité dû au fait qu'un employé, à quelque niveau que ce soit, doit vérifier auprès de ses supérieurs hiérarchiques, ce qui est provoqué par la bureaucratie et la structure organisationnelle non alignée, en affectant sérieusement le style de gestion de l'organisation (Lecose, 2013). Dans le modèle de Weick, il existe un système d'information, qui inclut à tous moments des problèmes et parfois déjà abordés (Tsoukas et Van de Ven, 2013). Les employés ont accès à ces informations et les utilisent pour lutter contre toute ambivalence ou inertie qui pourrait entraver la prise de décisions d'affaires (Feldman, 2013). En conséquence, la théorie du modèle de Weick est compatible avec la politique du gouvernement sur le rendement du système intégré de Gestion des Finances Publiques (SIGFIP)[1] et du Compte Unique du Trésor (CUT).

1.4. La théorie de la vue basée sur les ressources

La théorie basée sur les ressources postule qu'une organisation a la capacité d'obtenir et de maintenir un avantage concurrentiel si elle possède des ressources précieuses, rares, imparfaitement imitables et non substituables (Berrchicci, 2013). Les auteurs de cette théorie soutiennent que les organisations devraient regarder de l'intérieur de l'entreprise pour trouver les sources de l'avantage concurrentiel au lieu d'examiner l'environnement concurrentiel pour celle-ci (Vogel et Guttel, 2013). L'objectif de cette organisation est de s'assurer qu'elle a des ressources précieuses et qu'elle en a le contrôle en développant et en sécurisant toutes les ressources pertinentes, que ce soit en interne ou en externe. Par conséquent, si une organisation possède des ressources critiques qui ont une valeur stratégique, il est préférable de conserver l'activité en interne. En revanche, si la valeur stratégique des activités cibles est faible et qu'aucune ressource interne n'est disponible pour mener à bien de telles activités, il est avantageux pour l'organisation de les externaliser. Le gain des avantages concurrentiels durables s'obtient quand les organisations sont obligées de s'appuyer sur une multitude de fournisseurs externes pour les pièces, les logiciels, les connaissances et les ventes, ce qui leur donne accès à des ressources précieuses et à des capacités externes (Gariga et Mele, 2023). La présente théorie se rapporte à la capacité des ressources humaines sur la performance de la mise en œuvre du SIGFIP et du CUT.

1.5. La théorie de la perspective de la E-technologie

Appelée aussi théorie de technologie électronique, elle n'a pas de définition globale et englobe un large éventail d'activités commerciales. Pour O'Neil et Perez (2013), l'approvisionnement électronique reste un concept de première génération destiné aux acheteurs, qui devrait évoluer vers l'approvisionnement électronique et, à terme, vers la collaboration électronique. Cette dernière permet aux clients et aux fournisseurs d'accroître la coordination via internet en termes de gestion des stocks, de gestion de la demande et de la planification. Cela facilite ce que l'on appelle le paradigme de l'approvisionnement sans friction (Brousseau, 2000). L'internet a été largement adopté par les organisations dans le but d'améliorer les performances à la fois dans le processus interne et dans le processus allant au-delà de leurs limites. Malgré le fait que le commerce intra-entreprises (B2B) a connu une existence plus discrète en ligne que le commerce interentreprises (B2C). Toutes ces descriptions montrent que la théorie ci-dessus développée concerne l'infrastructure des technologies de l'information et de la communication sur les performances du Système Intégré de Gestion des Finances Publiques (SIGFIP) et du Compte Unique du Trésor (CUT).

1.6. La théorie du dernier planificateur financier

Aussi désignée par « Last Planner », la théorie du dernier planificateur financier est une théorie pour la gestion et la mise en œuvre de projets, développée par Ballard (Korinek et Mendoza, 2013). Dans une première optique, elle s'écarte de la doctrine conventionnelle de la gestion de projet en termes de planification, d'exécution et de contrôle. Le concept de dernier planificateur fait référence à la chaîne hiérarchique des planificateurs, ou le dernier planificateur agit à l'interface de l'exécution. De façon pratique, cette théorie se concentre à expliquer la planification détaillée juste avant l'exécution, plutôt que sur l'ensemble du processus de planification. Dans la planification prévisionnelle, les conditions préalables des missions à venir sont activement préparées, c'est-à-dire qu'elles sont transférées dans la catégorie, car il s'agit en fait d'un système tiré qui permet de s'assurer que toutes les conditions préalables sont disponibles pour les missions. La théorie ci-dessus compulsée concerne l'influence de la stratégie de mise en œuvre du Système Intégré de Gestion des Finances Publiques (SIGFIP) et du Compte Ubique du Trésor (CUT) dans la gestion de la trésorerie du secteur public.

§2. Revue empirique

L'approvisionnement en ressources financières est une fonction importante de la dépense publique. Dans cette optique, plusieurs études antérieures ont été menées pour montrer si l'adoption des moyens et des systèmes pour moderniser et améliorer la gestion de la chaîne d'approvisionnement est un motif pour promouvoir la croissance économique (Kishor et al., 2013).

Ainsi, Hendriks (2012) a utilisé la méthodologie d'étude de la littérature pour identifier les défis et les risques liés à la mise en œuvre du système intégré en Afrique du Sud afin d'élaborer des lignes directrices qui rendent la mise en œuvre plus réussie. Les résultats empiriques ont révélé que la taille et la complexité d'un SIGFI posent des défis importants et un certain nombre de risques pour le processus de mise en œuvre. Il existe cependant des facteurs de succès critiques ou des pratiques exemplaires qui peuvent être utilisées pour que le projet réussisse.

Mwaniki et al. (2012) ont utilisé une méthode descriptive pour mener une étude d'évaluation de l'efficacité du système de gestion financière intégrée dans l'information financière du secteur au Kenya sur un échantillon de 343 répondants de cinq ministères sélectionnés. Les résultats ont montré que la capacité organisationnelle et le changement organisationnel ont influencé la mise en œuvre de l'IFMIS dans le secteur public. L'étude a conclu que des contraintes contraignantes lors de l'introduction de l'IFMIS, par exemple les contraintes techniques étaient répandues dans l'organisation.

Odoyo et al. (2014) ont étudié l'effet de la mise en œuvre de l'IFMIS sur les pratiques de gestion de trésorerie dans la fonction publique dans le District d'Eldoret Ouest au Kenya. Les résultats ont d'abord montré que la fiabilité et la flexibilité de l'IFMIS ont un effet positif sur la gestion de la trésorerie. Ensuite, les résultats de l'étude ont montré qu'un système fiable est essentiellement un système précis, opportun, complet et cohérent dans la collecte d'informations et que l'infrastructure qui soutient le SIGFIP est censée être protégée contre la destruction, la corruption, l'accès non autorisé et la violation de la confidentialité afin qu'il y ait une gestion efficace de la trésorerie. Enfin, les résultats de l'étude ont révélé que la mise en œuvre de l'IFMIS n'a pas été un succès en raison de la gestion descendante dont elle a fait preuve dans la plupart des services.

Chalu (2020) a d'abord utilisé un test t apparié et un modèle linéaire généralisé (GLM) pour examiner l'influence de l'adoption du système de gestion financière intégré (IFMIS) sur la qualité des rapports financiers par les autorités gouvernementales locales en Tanzanie. L'IFMIS dans cette étude a été abordé à l'aide des caractéristiques qualitatives (CQ) de l'information comptable qui sont la compréhensibilité, la pertinence et la fiabilité. Cette étude a utilisé le pluralisme théorique, dans lequel trois théories et un modèle ont été appliqués, à savoir la théorie de la diffusion de l'innovation (IDT), la technologie, l'organisation et l'environnement (TOE), la technologie des tâches (ITF) ainsi que le modèle de DeLone et McLean (D & M). Les résultats ont montré que l'adoption de l'IFMIS n'a d'influence que sur la qualité de l'intelligibilité. Ensuite, il a utilisé les moindres carrés ordinaires (MCO) pour mener une analyse plus approfondie tout en contrôlant six variables de contrôle (le type des autorités gouvernementales locales, la taille des autorités gouvernementales locales, la capacité d'utilisation, l'environnement de contrôle informatique, la fonction d'audit interne ainsi que le comité d'audit. Les résultats des MCO (OLS) ont montré que l'adoption de l'IFMIS a une influence significative sur la qualité de l'intelligibilité et de la fiabilité, tandis que la qualité de la pertinence reste non significative.

Nzilu (2017) a utilisé une approche de recherche descriptive sur les 47 Comtés du Kenya pour évaluer les déterminants de la mise en œuvre réussie de systèmes intégrés de gestion financière. Les résultats ont d'abord révélé que l'engagement de la haute direction avait une relation significative et positive avec la mise en œuvre des systèmes intégrés d'information de gestion financière. Cependant, les résultats ont établi qu'il existait une relation négative et insignifiante entre la capacité en capital humain, la gestion du changement et la mise en œuvre de l'IFMIS. Les résultats ont ensuite révélé que la relation entre l'infrastructure informatique et la mise en œuvre de l'IFMIS par les gouvernements des Comtés était positive et significative.

Oyinlola et al. (2017) ont utilisé une conception descriptive et un échantillon de répondants issus des départements des finances, de la budgétisation, des achats et de l'audit interne pour examiner l'efficacité de l'IFMIS sur la performance du secteur public au Nigéria. Les résultats de l'étude ont montré l'existence d'une relation optimiste entre l'efficacité de l'IFMIS en matière de gestion des finances publiques et de compte rendu, de contrôles internes, de gestion de projets et de budgétisation.

Laizer et Suomi (2016) ont mené une étude documentaire en examinant les documents liés à l'analyse des processus commerciaux, aux tests d'acceptation des utilisateurs, aux exigences fonctionnelles, aux contrats gouvernement-fournisseur, à la charte de projet, aux rapports produits par les systèmes et à d'autres documents liés à l'IFMIS, pour évaluer l'IFMIS auprès des autorités locales tanzaniennes. L'étude a en outre réalisé des entretiens avec des utilisateurs qui n'étaient pas les mêmes pour vérifier leur implication et leur utilisation de l'IFMIS. Les résultats de l'étude ont révélé que les principaux défis de l'IFMIS étaient liés à la prolifération des systèmes, à l'inopérabilité, aux systèmes automatisés en parallèle et fonctionnant manuellement, au manque de politiques d'IFMIS, au manque de principes et de normes.

Section 2. Méthodologie de recherche

La fonction de trésorerie a commencé à s'affirmer à travers le monde vers la fin des années 70. Cette dernière, compte parmi les fonctions financières qui ont subi le plus d'évolutions durant les dernières années, cette fonction était assurée par les services comptables et par conséquent le profit réalisé par cette tâche se confondait avec celui du financier, cela indique que la fonction de trésorerie devient de plus en plus indépendante au sein de la direction financière, elle permet de surveiller les risques d'insolvabilité. L'objectif de notre travail consiste à étudier la fonction de la gestion de trésorerie au sein d'une entreprise publique, ainsi que l'importance de sa mise en place dans cette dernière. Plus précisément, nous essayerons de mieux comprendre la manière dont la trésorerie est gérée, notamment dans sa relation avec d'autres services et fonctions de l'entreprise, pour y parvenir, nous tenterons de répondre à un certain nombre de questions citées plus haut.

§1- Modèle théorique

La présente étude utilise un modèle d'étude descriptive et *a* posteriori, qui décrit les variables en répondant à des questions sur qui, quoi et comment (Bernard, 2011). L'étude sera de nature descriptive, car elle est jugée appropriée et implique l'utilisation de questionnaires écrits administrés aux répondants. Baker (2009) recommande la conception descriptive en ce sens qu'elle permet au chercheur de décrire, d'enregistrer, d'analyser et de signaler les conditions qui existent ou qui existaient. La présente étude cherche d'abord, à établir les facteurs de performances du système intégré de gestion financière (IFMIS). Pour cela, la conception descriptive de la recherche est la plus appropriée, car elle implique de fournir une enquête approfondie sur la question de l'étude. Ensuite, l'étude déterminera l'efficacité de la mise en œuvre du compte unique du trésor dans la gestion de la trésorerie.

1.1. Échantillon de l'étude

La population cible de l'étude était le personnel du ministère de l'Économie et des Finances, et particulièrement la Direction générale du Trésor. Cette population avait été choisie parce qu'elle est constituée de membres du personnel utilisant l'IFMIS pour le ministère de l'Économie et des Finances et le compte unique du trésor (CUT) pour la Direction générale du trésor et qui, selon la définition de la gestion de la trésorerie, sont impliqués dans le processus de gestion de trésorerie. Il s'agissait, notamment des directeurs centraux, des comptables, des services juridiques, des services des statistiques, des fondés de pouvoir, etc. Pour le compte unique du trésor, il existe environ cent dix-huit agents. S'agissant du système IFMIS, la population cible est à déterminer. Le tableau 1 ci-dessous montre la population cible du compte unique du trésor en fonction du personnel utilisé.

Tableau 8 : Population cible de la recherche

Catégorie de population	Population cible
Fondés du pouvoir	3
Directeurs centraux	9
Services de la DGT	24
Section du contentieux	24
Section des statistiques	24
Section de la comptabilité	24
Autres	10
Total	118

Source : Conception de l'auteur

1.2. Procédure de collecte des données

L'étude s'est appuyée sur les données primaires et secondaires. Le chercheur a utilisé les questionnaires et des données des structures internes comme éléments de recherche. L'étude a utilisé un questionnaire élaboré pour générer des informations sur les variables d'intérêt des répondants ciblés dans l'étude. La recherche s'est également appuyée sur les données des livres et documents existants dans la structure d'étude.

Un questionnaire auto administré a été remis aux répondants choisis au hasard dans la Direction générale du trésor, pour la mise en œuvre du compte unique du trésor et au ministère responsable de l'économie et des finances pour l'implémentation de l'IFMIS. À cet effet, il existe deux questionnaires. Le premier, destiné au personnel de la tutelle, implémente le système IFMIS. Le second par contre, orienté vers le personnel de la Direction générale du trésor, expérimente le compte unique du trésor.

1.3. Déterminants de l'efficacité de l'IFMIS

Cette étude permet d'identifier les déterminants de l'efficacité du système intégré de gestion financière en République du Congo. Pour ce faire, un sondage d'opinion a été réalisé sur un échantillon de 118 répondants de l'État dont 43 agents de la Direction Générale du Budget (DGB) et 75 agents de la Direction Générale du contrôle Budgétaire (DGCB). Sur l'ensemble des variables qualitatives retenues, la variable efficacité du système intégré de gestion financière est retenue comme variable dépendante (ESIGFIP), alors que les variables sexe du répondant, âge de l'enquêté, niveau d'étude et les autres variables sont considérées comme indépendantes.

De ces variables, nous nous inspirons du modèle théorique proposé par Njiyia et Makori (2015). Ces auteurs montrent que la performance du système intégré de gestion à l'information financière dépend de la capacité des ressources humaines, de la stratégie mise en œuvre et de la politique gouvernementale.

Ainsi, l'équation théorique se présente comme suit :

$$Y_i = a_à + a_1 NE_i + a_2 STQ_i + a_3 POG_i \qquad (1)$$

Y : ESIGFIP

NE : variable niveau d'étude, elle représente les ressources humaines

STQ : stratégie de mise en œuvre

POG : politique gouvernementale

i : les individus {1,2,3,4,5 ...118}

$a_à$: la constante de l'étude.

En fonction de la disponibilité des données, nous retirons la stratégie de mise en œuvre et nous substituons la politique gouvernementale par un ensemble des variables telles que : la perception et le décaissement des recettes publiques, l'utilisation des projections de trésorerie et la production des rapports trimestriels, mensuels.

De cette façon, l'équation théorique se présente comme suit :

$$Y_i = a_à + a_1 NE_i + a_2 PERP_i + a_3 UPT_i + a_4 PR_i \qquad (2)$$

A ces variables, nous augmentons le modèle théorique en intégrant le sexe et l'âge du répondant.

L'équation (2) devient :

$$Y_i = a_à + a_1 NE_i + a_2 PERP_i + a_3 UPT_i + a_4 PR_i + a_5 Sexe_i + a_6 Age_i \qquad (3)$$

Pour prendre en compte certaines variables non utilisées dans le modèle, nous intégrons le terme aléatoire (erreur) dans le modèle.

Ainsi, le modèle a des fins d'estimations se présente comme suit :

$$Y_i = a_à + a_1NE_i + a_2PERP_i + a_3UPT_i + a_4PR_i + a_5Sexe_i + a_6Age_i + \varepsilon_i \qquad (4)$$

PERP : perception et décaissement des recettes publiques ;

UPT : utilisation des projections de trésorerie ;

PR : production des rapports ;

ε : le terme aléatoire encore appelé erreur.

Source et Description des Variables

Sur la base de ce questionnaire et des études menées par Nakhumicha (2016) et Chalu (2019), les variables suivantes ont été retenues.

ESIGFIP : l'efficacité du système intégré de gestion financière (SIGFIP). Considéré dans le présent travail comme une variable dépendante, le SIGFIP est trouvé en posant aux individus la question suivante : comment évaluez-vous les effets du système IFMIS (Njihia et Makori, 2015) ?

Cette variable prend deux modalités :

$$\{1, pour\ ce\ qui\ sont\ favorables\ à\ l''efficacité\ du\ système\ \ 0, pour\ ce\ qui\ ne\ sont\ pas\ favorables$$

Le Niveau d'étude (NE) : considérée dans la littérature comme un facteur déterminant dans l'utilisation des systèmes d'information (Chalu, 2019).

Ancienneté dans la fonction publique (AFP ou AM) : cette variable est pertinente dans la mesure où, plus un individu prend du temps à la fonction publique ou au ministère, plus son opinion envers les systèmes d'information est favorable.

L'âge : la variable d'âge, est très capitale dans cette régression, car plus un individu est jeune, plus il a tendance à prioriser la nouvelle technologie. La littérature a révélé que les jeunes ont une forte probabilité de prioriser la technologie alors que les vieux présentent des difficultés dans l'utilisation des systèmes d'information.

Sexe : la variable sexe présente une importance non négligeable dans ce modèle, car, les systèmes d'information sont beaucoup plus utilisés par les hommes qui occupent des fonctions de responsabilités.

§2. Résultats de la recherche

2.1. Statistiques descriptives

Le tableau ci-dessous présente l'analyse des statistiques descriptives des variables de l'étude.

Tableau 9 : Statistiques descriptives

Variable	Moyenne	Ecart-type
ESIGFIP	.6440678	.4808366
NE		
BEPC	.1016949	.3035356
BAC	.1779661	.3841153
LICENCE	.4237288	.4962
Master	.2966102	.458711
PERP	2.830508	1.328871
UPT	1.601695	.9440758
PR	2.440678	1.14386
SEXE		
FEMME	.440678	.4985856
HOMME	.559322	.4985856
AGE	3.033898	.7502957

Source : Auteur à partir des données du Sondage

Les résultats du tableau 4 montrent que toutes les variables utilisées dans le modèle sont concentrées autour de leurs valeurs moyennes à l'exception de la perception et décaissement des recettes publiques et de la production des rapports qui présentent tous les deux des écarts types supérieurs à l'unité.

2.2. Test Pré-estimation

Ce point fournit des tests pré-estimation.

Tableau : Test d'Hétéroscédasticité de Breush-Pagan

Breusch–Pagan

Chi2 (1) = 26.78

Prob > chi2 = 0.0000

Le test de Breush-Pagan permet de tester la présence de l'Hétéroscédasticité dans le modèle de régression. Les résultats de ce test révèlent que la probabilité associée à la statistique de Chi2 est significative au seuil de 1%. Ce qui signifie qu'on accepte l'hypothèse alternative de présence d'hétéroscédasticité sous le rejet de l'hypothèse nulle d'homoscédasticité.

Compte tenu du fait que la variable soit binaire, nous appliquons les modèles de probabilités linéaires. Car, ces modèles sont appliqués dans les secteurs très divers dès que la variable à expliquer ne peut prendre que deux modalités.

2.3. Présentation des résultats

Les tableaux ci-dessous présentent les résultats du modèle logistique et de ces effets marginaux

Tableau 10 : Résultats du modèle logistique

			Chi2 =18.48 Prob> chi2 = 0.0179 R^2 = 0.0179
Log pseudo= 29,37			
ESIGFIP	Coefficient	Ecart-type	P>|z|
NE			
BAC	.0705692	1.119225	0.950
LICENCE	1.079201	.8291659	0.193
Master	4.167719	1.92891	0.031
PERP	-.8102711	.2946601	0.006

UPT	-2.015564	2.421495	0.405
PR	-2.03442	.7302883	0.005
SEXE			
FEMME			
HOMME	1.671429	.7748414	0.031
AGE	-1.453577	.9940534	0.144

Source : Auteur à partir des données du Sondage

Les résultats du modèle logistique révèlent que la probabilité associée à la statistique de chi-2 est significative au seuil de 5%. De surcroit, le R^2 de Mc Faden est égal à 62%, cela indique que les fluctuations de la probabilité de l'efficacité de l'IFMIS sont expliquées par les variables retenues dans le modèle. Aussi, les différents niveaux d'étude, la Licence et le Master sont significatifs aux seuils respectifs de 10% et de 1%. Il faut aussi dire qu'à l'exception de la variable utilisation des projections de trésorerie, le reste des variables est significatif au seuil de 5%. Ainsi, nos résultats peuvent être soumis à l'interprétation.

2.4. Interprétation des résultats

Le tableau ci-dessous présente les effets marginaux du modèle logistique.

Tableau 11 : Résultats des effets marginaux

ESIGFIP	Dy/Dx	Ecart-type	P>|z|
NE			
BAC	.0051903	.080912	0.949
LICENCE	.0852364	.0473023	0.072
Master	.3245816	.1060974	0.002
PERP	-.0639756	.0229753	0.005
UPT	-.1591405	.1513155	0.293
PR	-.1606292	.0757455	0.034
SEXE			
HOMME	.1262006	.7748414	0.007
AGE	-.1147683	.0517278	0.027

Source : Auteur à partir des données du Sondage

La lecture du tableau 3 montre que les individus ayant un niveau d'étude supérieure améliorent la probabilité de l'efficacité du système IFMIS. Si on augmente le nombre de licenciés et de Masters de 100%, la probabilité que le système soit efficace augmente respectivement de 8% et de 32%.

Ces résultats permettent de souligner que plus le niveau d'étude d'un individu est élevé plus l'individu est susceptible de favoriser l'efficacité de l'IFMIS.

Par ailleurs, les hommes ont plus de chance d'augmenter l'efficacité de l'IFMIS. Si l'on augmente la proportion des hommes de 100% la probabilité de l'efficacité du système augmente de 12%. Ces résultats s'expliquent par le fait que, dans les administrations publiques, les postes de hautes responsabilités sont pour la plupart occupés par les hommes.

De l'autre côté, l'âge du répondant agit négativement sur l'efficacité du système. Si l'on augmente l'âge d'un individu de 100%, la probabilité que le système soit efficace diminuera de 11%.

Enfin, les variables comme la perception et décaissement des recettes ainsi que la production des rapports ont tendance à diminuer la probabilité de l'efficacité du système.

2.5. Test Post estimation

Dans les lignes qui suivent, nous allons présenter les tests de validité du modèle de régression logistique.

Tableau 12 : Prédiction d'erreur

Sentitivity	Pr (+/D) 96,05%
Specificity	Pr (+/D) 90,48%
Positive predictive value	Pr (+/D) 94,81%
Negative predictive value	Pr (+/D) 92,68%
False+rate for true	Pr (+/D) 9,52%
False-rate for true	Pr (+/D) 3,95%
False+rate for classified +	Pr (+/D) 5,19%
False+rate for classified -	Pr (+/D) 7,32%
Correctly classified	Pr (+/D) 94,07%

Source : Auteur à partir des données du Sondage

Ce tableau révèle que le pourcentage de prédiction correcte est de 94%. Le taux d'erreur est seulement de 6%.

Tableau 13 : Discrimination du modèle

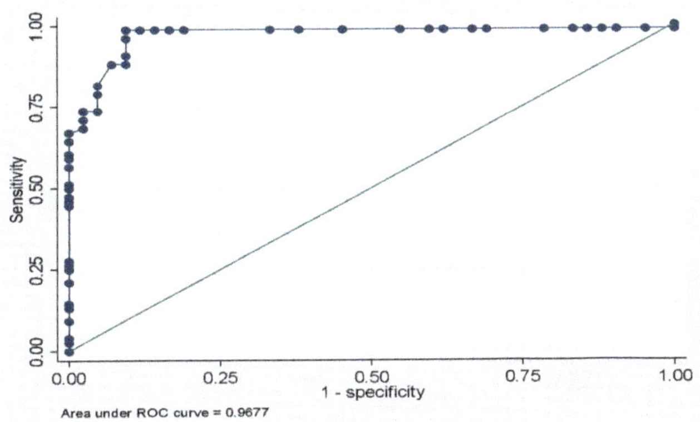

<u>Source</u> : Auteur à partir des données du Sondage

La figure ci-dessus révèle que l'aire sous la courbe roc est d'environ 97%. Ceci étant, le pouvoir de prédiction du modèle logit est bon.

2.6. Analyse des données

Cette étude permet d'analyser l'efficacité du système intégré d'information de gestion financière en République du Congo. Elle s'est appuyée sur des données qualitatives. À cet effet, le chercheur a utilisé un questionnaire élaboré pour générer des informations sur des variables d'intérêt auprès de 118 agents de l'État composés des agents de la Direction Générale du Budget (DGB) et de la Direction Générale du contrôle Budgétaire (DGCB).

Ces données ont été collectées par le biais d'entretiens approfondis avec des personnes interrogées qui connaissent bien le sujet grâce à une expérience d'au moins 12 années passées dans le Ministère où à la fonction publique. Cet échantillon est composé des membres du personnel qui utilisent le système intégré de gestion financière. Il s'agit des Comptables, des Auditeurs internes, des Responsables financiers et des Directeurs centraux.

Sur ce nombre, 64% travaillent à la Direction Générale du Contrôle Budgétaire (DGCB) et 36% à la Direction du Budget. Le graphique 1 ci-dessous illustre cette répartition.

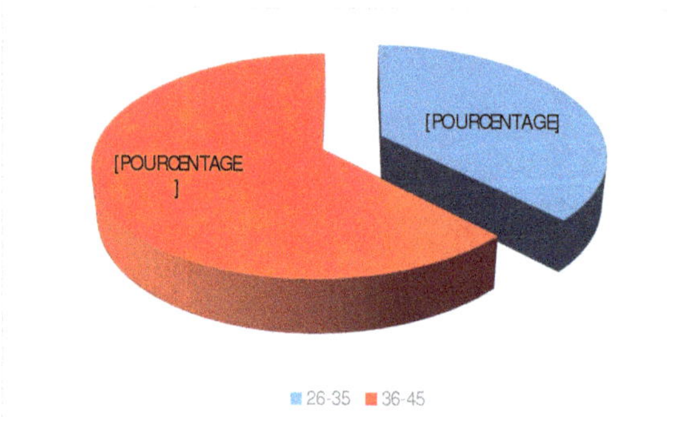

Figure 3 : Discrimination du modèle

<u>Source</u> : Auteur à partir des données du Sondage

2.7. Caractéristiques démographiques des individus

L'étude a permis d'analyser les caractéristiques démographiques des individus et notamment, le sexe et l'âge. Dans la littérature, la variable âge, est très capitale, car les jeunes ont une forte probabilité de prioriser la technologie alors que les vieux présentent des difficultés dans l'utilisation des systèmes d'information technologiques. La variable sexe présente une importance non négligeable dans l'étude puis que, les systèmes d'information sont beaucoup plus utilisés par les hommes qui occupent des fonctions de responsabilités.

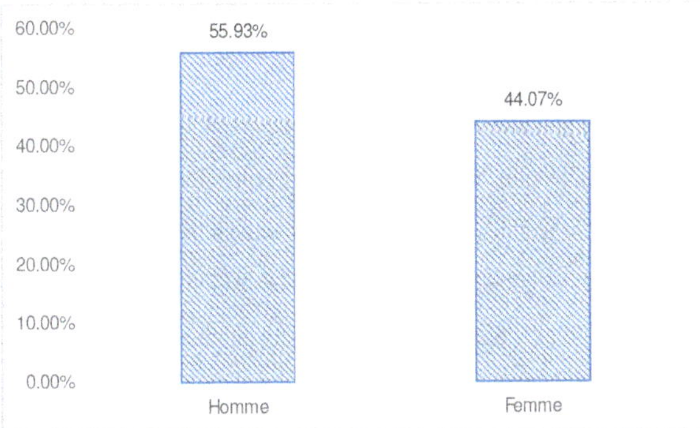

Figure 4 : Répartition par sexe

<u>Source</u> : Auteur à partir des données du Sondage

Les résultats du graphique 4 laissent voir que l'échantillon choisi est dominé par les hommes. Ces derniers représentent 56% contre 44% pour les femmes. Malgré cet écart, il sied de souligner que, les disparités en termes d'effectifs entre homme et femme est très faibles. Sur l'ensemble des individus de l'échantillon, l'écart n'est que de 12%. Shaw et Carter (2007) ont constaté que les organisations où l'équilibre entre les sexes est respecté sont motivées pour mieux atteindre les objectifs de l'organisation, car les femmes et les hommes se font concurrence pour mener à bien leurs missions.

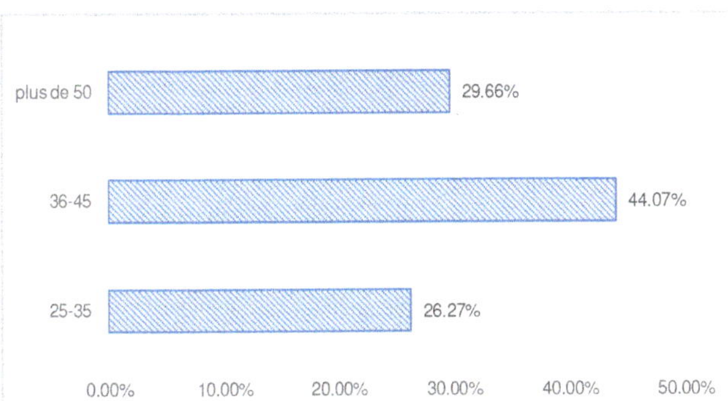

Figure 5 : Répartition par âge

<u>Source</u> : Auteur à partir des données du Sondage

Les résultats du graphique 5 montrent que sur l'ensemble de la population de l'échantillon, 44% des individus appartiennent à la tranche d'âge de 36-45 ans, près de 30% appartiennent à la tranche d'âge de 25-35 ans et 26% des individus sont dans la tranche d'âge de 25-35ans. Cela signifie que la majorité des personnes interrogées ont atteint le stade de la maturité et sont donc en mesure d'assumer leur rôle de manière responsable. Les résultats soutiennent la démarche des ministères qui mettent l'accent sur la maturité et l'expérience. Haugh et Kitson (2007) ont constaté que l'âge est associé à l'expérience et aux responsabilités sur le lieu de travail.

2.8. Caractéristique du Capital humain

Deux variables sont utilisées comme variables représentatives du capital humain, le niveau d'étude et l'expérience professionnelle qui est défini comme le nombre d'années passées au Ministère.

Ces deux variables ont été choisies pour vérifier si les répondants étaient capables de par leur niveau d'étude de porter les jugements sur le système intégré de gestion financière.

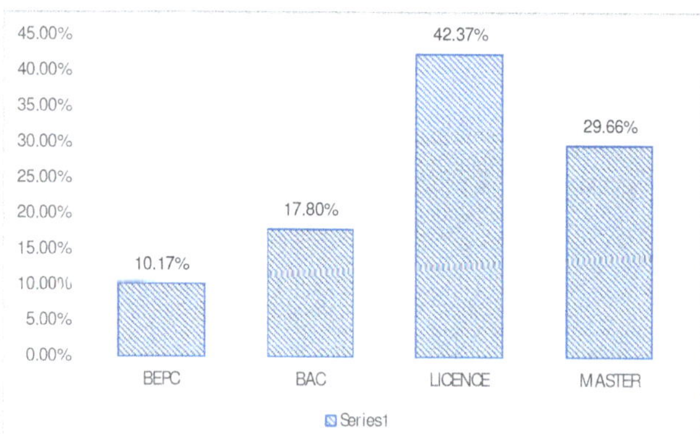

Figure 6 : Niveau d'études

<u>Source</u> : Auteur à partir des données du Sondage

L'analyse du graphique révèle que, sur l'ensemble des répondants, plus de 70% ont un niveau d'étude supérieure alors que seulement moins de 30% ont un niveau d'étude secondaire. Parmi ceux qui ont un niveau supérieur, 42% ont la Licence et près de 30% ont le Master. Dans ce qui ont un niveau d'étude secondaire, 10% ont le BEPC et près de 18% ont le BAC. Les résultats indiquent donc que les personnes interrogées ont la capacité, les compétences nécessaires dans l'évaluation de l'efficacité du système intégré de gestion financière. Ils possèdent donc des aptitudes dans la compréhension et dans l'interprétation des questions émergentes en matière de technologie de l'information.

Il faut aussi dire que, 100% des répondants choisis ont une expérience professionnelle d'au moins 6 années. Ceci dit, les 118 enquêtés qui utilisent tous le système IFMIS possèdent donc un jugement représentatif de la réalité.

2.9. Évaluation de l'efficacité du système intégré de gestion financière (IFMIS)

L'ensemble de ces répondants a donc donné son jugement sur ce système. Après avoir collecté l'information, trois réponses ont été enregistrées dans la base des données : ''système Efficace'' ; ''Système inefficace'' ; ''Je ne sais pas''. Le graphique 5 ci-dessous illustre clairement ces réponses.

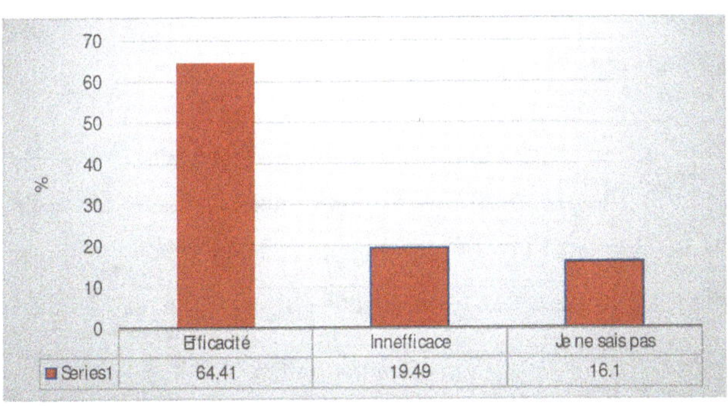

Figure 7 : Efficacité d'IFMIS
<u>Source</u> : Auteur à partir des données du Sondage

L'analyse du graphique 7 ci-dessus montre que 64,41% sur 100% des agents de l'État qui ont participé au sondage sont plus favorables à l'efficacité du système de gestion intégré (IFMIS) alors que seulement 19,49% de l'échantillon donnent un avis contraire et 16,1% ignorent les effets bénéfiques de ce système. Ces résultats permettent de conclure sur l'efficacité du système intégré de gestion financière en République du Congo.

Il sied de souligner que parmi les individus qui ont estimé l'efficacité du système intégré de gestion financière, on retrouve à la fois, ce qui ont une éducation secondaire et supérieure. Le graphique 6 ci-dessous illustre cela.

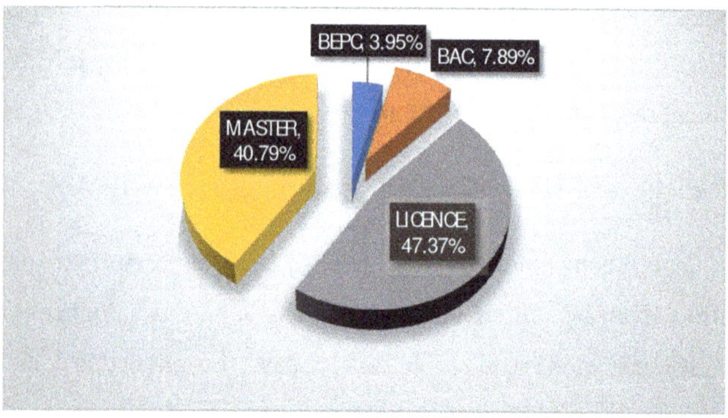

Figure 8 : Efficacité d'IFMIS par niveau

Source : Auteur à partir des données du Sondage

L'analyse du graphique 8 permet de révéler que 47% des individus qui sont favorables à l'efficacité du système ont la Licence, près de 41% ont le Master, près de 8% et de 4% ont respectivement le BAC et le BEPC. Cela permet de conclure que le jugement de l'efficacité du système est plus porté par les individus qui ont un niveau d'étude supérieur. Ces derniers occupent des fonctions à hautes responsabilités.

Par ailleurs, dans l'ensemble des diplômés ayant souligné l'efficacité du système, on retrouve les hommes et les femmes. Le graphique 7, ci-dessous, présente cette tendance.

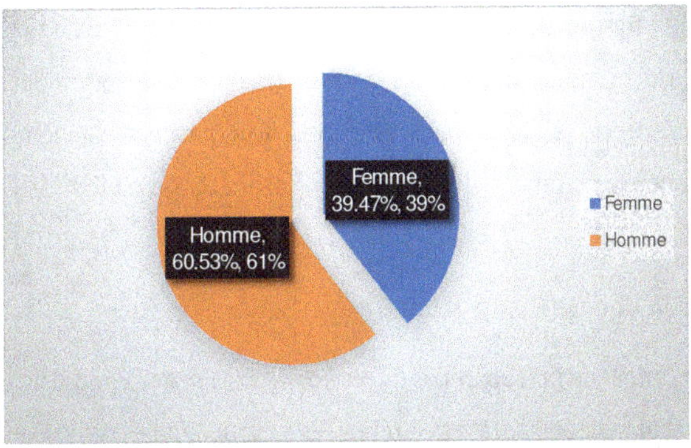

Figure 9 : Efficacité d'IFMIS par sexe

<u>Source</u> : Auteur à partir des données du Sondage

Le graphique ci-dessus permet d'estimer que, sur l'ensemble des personnes favorables à l'efficacité du système intégré de gestion financière, 61% sont des hommes et 39% sont des femmes.

2.10. Les effets du système intégré de gestion financière (IFMIS) sur les facteurs de gestion

L'étude a également cherché à analyser les effets du système intégré de gestion financière (IFMIS) sur les éléments de la trésorerie. Les lignes qui suivent présentent les graphiques et leurs interprétations.

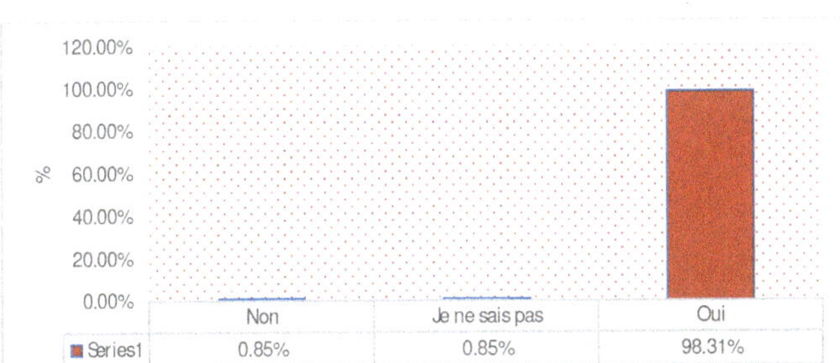

Figure 10 : Effets d'IFMIS sur la Gestion de Trésorerie

<u>Source</u> : Auteur à partir des données du Sondage

L'analyse du graphique 10 montre que 98% des individus ayant participé au sondage estiment que l'introduction du système intégré de gestion financière à fortement influencé la gestion de la trésorerie. Et seulement 2% des individus ont un avis contraire. Sur les 2%, 1% ignore les effets et 1% pense que l'introduction de l'IFMIS n'a aucun effet.

- **Effets de l'IFMIS sur la liquidité**

De ces résultats, il est donc pertinent de présenter ces effets sur la gestion de la liquidité. Ces résultats sont visibles dans le tableau1 à travers 5 réponses : ''tout à fait d'accord'' ; ''accepter'' ; ''pas d'accord'' ; ''fortement en désaccord'' et ''pas sûr''.

Tableau 14 : Effets de l'IFMIS sur la gestion de la liquidité

Réponse	Tout à fait d'accord	Accepter	Pas d'accord	Fortement en désaccord	Pas sûr
Amélioration du processus budgétaire	41,63%	29,66%	11,02%	11,02%	6,78%
Suivi des dépenses	69,49%	24,58%	0,85%	3,39%	1,69%
Rapprochement Bancaire automatisé	100%				
Perception et Décaissement des recettes	21,19%	17,80%	33,90%	11,02%	16,10%
Utilisation des projections de trésorerie	56,78%	36,44%	1,69%		5,08%
Produire des rapports mensuels, trimestriels et annuels	26,27%	23,73%	35,59%	8,47%	5,93%

Source : Auteur à partir des données du Sondage

Relativement au tableau 9, sur un total de 118 individus interrogés, 71% des individus interrogés ont reconnu que l'introduction du IFMIS avait amélioré les résultats du processus budgétaire. 7% sont restés neutres et seulement 22% ont réfuté cette hypothèse.

En ce qui concerne le suivi des dépenses, 94% des individus interrogés partage l'avis selon lequel, l'IFMIS améliore le suivi des dépenses publiques. Dans les 6% restant, 4% partage cet avis et 2% sont neutres.

Tous les individus de l'échantillon partagent l'idée selon laquelle, le système IFMIS favorise le rapprochement bancaire automatique.

Pour ce qui est du suivi des recettes, 39% des individus affirment que l'IFMIS facilite la perception et le décaissement des recettes. 45% sont contre cet avis et 16% sont neutres.

Par ailleurs, 93% des individus estiment que l'introduction de l'IFMIS permet une projection de trésorerie. 5% sont neutres et 2% ne sont pas d'accord avec cette affirmation.

Enfin, 50% des individus sont favorables à l'idée selon laquelle, l'introduction de l'IFMIS favorise la production des rapports mensuels, trimestriels et annuels. 44% pensent le contraire et seulement 6% sont neutres.

Ces résultats sont en accord avec Peterson et al (2008) qui ont constaté que l'introduction de l'IFMIS a amélioré la fourniture des services gouvernementaux, a permis un accès rapide et efficace aux données financières et a aussi favorisé la transparence dans la gestion de la chose publique.

- **Effets de l'IFMIS sur la gestion de la trésorerie**

Excepté la liquidité, l'IFMIS agit également sur les éléments de la trésorerie dont on peut citer : le temps d'arrêt du système, la budgétisation, les mises à jour du système et sur l'amélioration de la performance financière. Le tableau 2 ci-dessous fait le résumé des effets de l'IFMIS sur la gestion de la trésorerie.

Tableau 15 : Effets de l'IFMIS sur la gestion de la trésorerie (en %)

Réponse	Tout à fait d'accord	Pas d'accord	Fortement en désaccord	Pas sûr
Réduction du temps d'arrêt du système	69,49	15,25	11,86	3,39
Flux continue de données	89,83	5,08	4,24	0,85
Formation sur les nouvelles mises à jour	97,46	2,54		
Performance financière	100			

<u>Source</u> : Auteur à partir des données du Sondage

Les résultats du tableau 10 montrent que 118 individus sont tout à fait d'accord à l'hypothèse selon laquelle, l'introduction du système intégré de gestion financière améliore la performance financière à la fin de l'exercice comptable.

Alors que, plus de 97% des individus pensent que ce système est fiable dans les mises à jour. Seulement 3% ne sont pas d'accord avec cette affirmation.

D'autre part, 90% affirment que ce système favorise la transparence des données de la budgétisation au compte rendu contre seulement 9% qui ne sont pas d'accord et 1% qui reste neutre.

Enfin, plus de 69% des individus interrogés affirment que l'introduction du système a réduit le temps d'arrêt et les marges de manœuvre rencontrées dans les administrations publiques. 27% sont contre cette affirmation et seulement 3% restent neutres.

Une fois que les effets de l'IFMIS ont été évalués, il serait pertinent d'identifier les déterminants de l'efficacité du système intégré de gestion financière (IFMIS).

Section 3. Conclusion

§1. Sur le système IFMIS

L'étude conclut que la gestion de la trésorerie influence la gestion financière dans le secteur public. Cela correspond à l'étude de Dorotinsky (2003) qui soutient dans ses conclusions qu'il existe un certain nombre de façons dont l'IFMIS peut améliorer la gestion des finances publiques en renforçant la confiance et la crédibilité du budget, de la comptabilité et des rapports grâce à une plus grande exhaustivité et transparence de l'information. En outre, l'étude conclut que le système IFMIS surveille efficacement la collecte et le décaissement des recettes, le suivi des dépenses et la production de rapports précis et en temps opportun.

§2. Sur le Compte unique du Trésor

1- Le cadre juridique et/ou les règles qui régissent le CUT ont-ils changé au cours de la dernière année ? Réponse : Oui

2- Combien de comptes bancaires détenant des ressources publiques échappent au contrôle du trésor à la banque centrale et dans les banques commerciales ? Le seul et unique compte détenant les ressources de l''Etat, est le Compte Unique du Trésor. Il y'a des sous-comptes qui sont rattachés au compte unique ouvert à la Banque des États de l'Afrique Centrale (BEAC).

3- Veuillez identifier les entités et les ressources dont les comptes restent en dehors du CUT, en faisant une distinction entre les ministères, les entités décentralisées et autonomes (en désagrégeant également les pouvoirs judiciaire et législatif, les universités et autres). Une circulaire du Premier Ministre interdit aux structures Publiques et décentralisées de détenir des comptes ouverts dans les banques commerciales. Cette circulaire met en avant le rôle du Trésor public comme la seule et unique caisse de l'État.

4- Si la surveillance du CUT s'est accrue au cours des 12 derniers mois, veuillez indiquer quelles ressources et/ou agences supplémentaires ont été incluses dans le

CUT au cours de cette période ? les ressources issues de la fiscalité des sociétés pétrolières et de téléphonie.

5- Des comptes à solde nul sont-ils utilisés dans le cadre de la structure CUT ? pour la collecte des recettes ? Pour les paiements décentralisés ? oui.

Commentaires : les paiements des recettes collectées pour les structures décentralisées se font par le biais du compte unique du Trésor.

6- La DGT utilise-t-elle le règlement brut en temps réel ou la chambre de compensation automatisée pour effectuer ses paiements ? si oui, pour quels types de paiements utilise-t-elle chaque système ? Dans la négative, veuillez expliquer **pourquoi.**

Oui le Trésor public utilise le système de paiement brut en temps réel institué depuis plusieurs années pour être effectif en 2007. Ce système est dénommé : SYGMA (Système de gros montants automatisé) et d'un système de paiement de masse dénommé SYSTAC (Système de Télé compensation en Afrique Centrale).

7- a) Sur le total des paiements de paie effectués par la DGT (dépenses courantes), quel pourcentage est électronique ?

- en chiffres : **non dévoilé**
- en valeur : **100%**

b) montant total des versements effectués par le CUT/ Montant total des versements de l'administration centrale en 2020. **Non dévoilé**.

8- Combien de jours les recettes fiscales sont-elles conservées par les banques avant d'être transférées au trésor (indiquer s'il s'agit de jours de réciprocité ou pour d'autres motifs (technologiques, comptables, juridiques) ? **Les recettes fiscales sont conservées au sein du guichet unique de paiement pendant 10 jours. Le nivellement se fait sur le compte unique du Trésor par décade.**

9- Le nombre de jours de réciprocité a-t-il été réduit (ou supprimé) au cours des 12 derniers mois ? En l'absence d'accord de réciprocité, le délai de transfert des fonds vers le CUT à partir du moment de la collecte a-t-il été réduit ? De combien de jours ? Comment ? **Non**

10- Montant des recettes transférées chaque mois au trésor par voie électronique /montant total des recettes chaque mois transférées au trésor. **Non dévoilé.**

11- La DGT a-t-elle une politique, une règle ou une stratégie concernant les investissements à court terme ? **oui**

12- Les options du trésor en matière de placements à court terme se sont-elles améliorées au cours des 12 derniers mois ? **Non.**

13- La DGT reçoit-elle une rémunération pour ses dépôts auprès de la Banque centrale qui détient le CUT ? Si le CUT est détenu dans une banque publique commerciale, est-il rémunéré pour ses dépôts dans cette banque ? **oui**

14- Si le CUT est détenu dans une banque publique commerciale, cette banque est-elle soumise à des restrictions concernant son fonctionnement actif et passif ? **oui**

15- Les pénuries (ou besoins) occasionnelles de liquidités sont financées par : veuillez indiquer par ordre de priorité), où 1 est le plus important, suivi de 2, et ainsi de suite).

- (**1**) titres du trésor ;
- (**5**) prêts à court terme de la banque centrale ;
- (**5**) prêts bancaires commerciaux à court terme : publics (**5**) privés (**5**)
- Prêts bancaires publics commerciaux à court terme de la banque détentrice du CUT ;
- (**5**) autres.

Gestion de fonds à vocation spéciale et de fonds souverains

16- La DGT a-t-elle pris le contrôle de la gestion ou de l'administration des fonds spéciaux (redevances, entretien, garantie, éducation, sécurité, tous les autres fonds à vocation spécifique, etc.) ?

- Oui (**1**). Veuillez préciser et déclarer le pourcentage approximatif du total des ressources gérées par le trésor. **Non dévoilé.**
- Non (5). Veuillez préciser et déclarer le pourcentage approximatif du total des ressources gérées par le trésor.

Ces fonds spéciaux (décrits dans la question précédente) sont-ils gérés ou administrés intégralement, ou en combinaison avec d'autres ressources gouvernementales, ou individuellement (séparément) sans unité de trésorerie ? Veuillez préciser.

Ces fonds spéciaux sont gérés par l'unité de trésorerie du Trésor public.

Les ressources de ces fonds peuvent-elles être prêtées au trésor ?

- Oui (**5**). Expliquez si toutes les ressources peuvent être prêtées ou si certains fonds ne peuvent pas être inclus dans les ressources de prêt (et identifiez ces derniers). **Non, ces ressources ne peuvent pas être prêtées au Trésor public.**

Si ces fonds ne sont pas gérés conjointement ou ne peuvent pas être prêtés au gouvernement, comment le trésor a-t-il relevé le défi de leur administration ? **Ces fonds sont gérés conjointement entre le trésor et les autres administrations à travers le budget.**

17- Si votre pays a mis en place des fonds souverains (qui comprennent des fonds de stabilisation et d'épargne), veuillez préciser et mentionner qui administre chacun d'eux et dans quels titres ils investissent (ou sont obligés d'investir) chacune de leurs ressources.

- ❖ (1) Oui. **Ces fonds sont administrés par le Ministre responsable des Finances.**
- ❖ (5) Non.

1. Recommandations

Des résultats de l'étude, les recommandations suivantes peuvent être faites à l'endroit des décideurs publics :

- Les institutions du secteur public devraient mettre en œuvre le système IFMIS, car les résultats de l'étude confirment les avantages résultant de son utilisation.
- Projeter que l'étude soit menée sur l'efficacité de l'IFMIS dans toutes les structures publiques de l'État, car l'étude s'est concentrée uniquement sur le ministère responsable de l'économie et des finances.

§3. Limites de l'étude

Parallèlement à la contribution de cette étude, il existe aussi certaines limites qui doivent être reconnues. Ces dernières n'ont pas pour effets de miner l'importance de cette étude pour l'écart des connaissances sur la relation entre les technologies de l'information (IFMIS) et la gestion de la trésorerie. La première limite est que la présente étude utilise une approche des caractéristiques qualitatives de l'information financière. À cet effet, si d'autres approches étaient utilisées, les résultats seraient différents. La deuxième limite est que l'étude a été axée sur une direction du ministère responsable de l'économie et des finances, en l'occurrence la direction générale du trésor (DGT) ; par conséquent ces résultats ne peuvent pas être généralisés en dehors de la portée de cette étude. La confirmation de ces résultats exige de mener des études similaires dans d'autres domaines du secteur public qui n'ont pas été couverts par la présente étude. Enfin, cette étude a utilisé des données primaires. Ainsi, d'autres études pourraient utiliser des données secondaires ou combiner les deux.

Conclusion Générale

Conclusion

Le but de cette étude est de démontrer l'importance la gestion de trésorerie au sein du trésor public congolais et de voir le processus de suivi afin d'aboutir à une gestion de trésorerie meilleure et plus adéquate.

En ce qui concerne la place que détient la gestion de trésorerie au sein du Trésor public, elle n'a jamais été aussi importante auparavant, mais avec la levée de la concurrence internationale moderne, les risques financiers se multiplient, ce qui a poussé les entreprises mêmes les plus petites, à prendre des mesures précises dont la gestion de trésorerie fait partie.

Les méthodes et outils utilisés pour gérer à bien la trésorerie, sont diverses et aussi bien efficaces les unes que les autres, donc c'est à l'entreprise de décider pour le meilleur outil auquel il lui convient de faire recours.

En d'autres termes, pour gérer la trésorerie d'une manière adéquate, il faut prendre les mesures qui sont le plus convenant à l'activité de la structure, et de choisir les méthodes les plus adaptées à son exploitation.

Enfin, dans notre cas ici concernant le Trésor, nous pouvons facilement voir que la structure ne donne pas de grande importance à la gestion de trésorerie, mis à part le fait qu'elle ne la détient que par motif de précaution et de transaction financière liée au budget, pourtant si ce dernier songe aux placements rémunérateurs, à la spéculation et au plan d'engagement elle aurait annulé les restes à payer qui plombent chaque année le stock de la dette.

Annexes

ANNEXE 1 : ENQUETE SUR LE LIEN ENTRE L'IFMIS ET LA GESTION DE LA TRESORERIE

Je m'appelle monsieur **Armel Silvère DONGOU**, étudiant à l'Ecole Supérieure de Commerce de Clermont (ESC- Clermont) et j'ai l'intention de faire des recherches sur la gestion de trésorerie dans la direction générale du Trésor du Congo Brazzaville. Les informations que vous fournirez sur le questionnaire mis à votre disposition, seront traitées avec la plus grande confidentialité. Je puis vous rassurer qu'aucun nom, ni une fonction, ne sera divulgué lors de la compilation du rapport sur la présente étude.

A- Caractéristiques démographiques

Échantillon	**Homme**	**Femme**	**TOTAL**
Caractéristiques démographiques	66	42	118

Échantillon	**Homme**	**Femme**	**TOTAL**
Caractéristiques démographiques	66	42	118
Tranche d'âge: 18-25 ans	0	0	0
26-35 ans	15	17	32
36-45 ans	30	14	44
Plus de 50 ans	28	14	42
Qualification des reseaux d'intervention:			
BEPC	0	6	6
BAC	13	9	22
LICENCE	30	22	52
MASTER	18	20	38
Période d'emploi dans le Ministère			
Moins d'un an	0	28	28
Plus de 6 ans	50	40	90

Effets de l'IFMIS sur la gestion de la Trésorerie

Effets de l'IFMIS sur la gestion de la Trésorerie	OUI	NON
	X	0

Comment évaluez-vous les effets de l'utilisation du système IFMIS sur la gestion de la trésorerie?		
Efficace	**Inefficace**	**Je ne sais pas**
78	22	18

Effets de l'efficience du système IFMIS sur la gestion de la trésorerie					
Technique	**Tout à fait d'accord**	**Accepter**	**Être en désaccord**	**Fortement en désaccord**	**Pas sûr**
Amélioration du processus budgétaire	**58**	**32**	**10**	**10**	**08**
Suivi des dépenses	**81**	**30**	**2**	**5**	**0**
Rapprochement bancaire automatisé	**118**	**0**	**0**	**0**	**0**
Perception et décaissement des recettes	**28**	**17**	**40**	**20**	**13**
Utilisation des Projections de trésorerie	**68**	**48**	**2**	**0**	**0**
Produire des Rapports mensuels, trimestriels et annuels	**31**	**28**	**42**	**10**	**7**

L'introduction de l'IFMIS a-t-elle amélioré votre efficacité dans la prestation de service ?

Oui : X Non : **O**

Expliquer

L'introduction du système d'information de la gestion financière (IFMIS) au Trésor Public Congolais sous la dénomination du Système Intégré de Gestion des Finances Publiques (SIGFIP) a permis d'automatiser les fonctionnalités de la gestion des finances publiques afin d'accroître l'efficience allocative des ressources tout comme la crédibilité budgétaire et la transparence. L'objectif principal de ce système a été d'améliorer la préparation et l'exécution du budget afin d'obtenir un meilleur rapport qualité-prix, une meilleure efficacité, transparence et responsabilité dans la prestation des services gouvernementaux.

Effets de la fiabilité des systèmes IFMIS sur la gestion financière

Comment évaluez-vous le niveau de fiabilité du système IFMIS?				
Très élevé	**Haut**	**Bas**	**Très faible**	**Je ne sais pas**
50	40	10	6	2

Indiquez le niveau d'accord sur les déterminants suivants de la fiabilité du système IFMIS				
Déterminants	**Tout à fait d'accord**	**Pas d'accord**	**Fortement pas d'accord**	**Pas sûr**
Réduction des temps d'arrêt du système	78	18	18	4
Flux de données	110	5	2	1
Transparent de la budgétisation au reporting	115	3	0	0
Formation sur les nouvelles mises à jour du système	118	0	0	0
Amélioration de la performance financière à la fin de l'exercice	118	0	0	0

Quels autres aspects du système ont permis d'obtenir de la fiabilité ?

Le système a permis d'obtenir l'accroissement de l'efficience allocative des ressources tout comme la crédibilité budgétaire et la transparence contrairement à l'ancien système.

Effets de la stratégie de mise en œuvre de l'IFMIS sur la gestion de la trésorerie

La stratégie de mise en œuvre de l'IFMIS a-t-elle eu un effet sur la gestion de la trésorerie ?

OUI : X NON : O

Indiquez le niveau d'accord concernant l'effet de la stratégie de mise en œuvre sur la gestion de la trésorerie

Relation	Tout à fait d'accord	Pas d'accord	Fortement en désaccord	Pas sûr
La pluie sur l'utilisation du système a été faite avant le déploiement	0	0	0	0
Une infrastructure adequate était disponible avant le déploiement du matériel d'utilisation pertinent est disponible pour demander de renseignements et de référence.	0	118	0	0
Existence d'un soutien opérationnel au sein du système (personnel, système, processus)	110	5	2	1
Existence de Liens sécurisés et faibles pour les utilisateurs	110	3	2	3

A votre avis, l'introduction du système IFMIS a-t-elle amélioré la gestion de la trésorerie ?

Le système IFMIS a amélioré la gestion de la trésorerie au Trésor Public en s'attachant au traitement des encaissements et décaissements de liquidités ainsi que des mouvements de fonds à l'intérieur de celui-ci. Le système d'information a automatisé la gestion de la trésorerie. Aussi, avec l'existence du concept d'intermédiaire et du compte unique du trésor (CUT) a été renforcée avec l'avènement des technologies de l'information et de la communication, qui ont conduit au développement de nouveaux outils pour enregistrer et gérer les flux de trésorerie du gouvernement et les soldes. De ce fait, les procédures opérationnelles ont été rationalisées et les délais de traitement des transferts financiers ont été réduits.

ANNEXE 2 : ENQUETE SUR LA GESTION DE LA TRESORERIE AUPRES DES AGENTS DE LA DIRECTION DU TRESOR PUBLIC DE BRAZZAVILLE

PLANS DE TRESORERIE

Quel type de prévision de trésorerie la DGT prépare -t-il ? numérotez les options pertinentes, par ordre de priorité, où 1 est le plus significatif, qui se rapportent au plan le plus utilisé :

- Prévisions de trésorerie annuelles mises à jour mensuellement (3)
- Prévisions trimestrielles mises à jour mensuellement (2)
- Prévisions trimestrielles revues quotidiennement (2)
- Prévisions mensuelles revues quotidiennement (1)
- Autres ……………………………………………………..

2- A quelle fréquence les flux de trésorerie inclus dans les prévisions préparées par la DGT et ceux mentionnés dans la section précédente sont-ils revus et mis à jour ? cochez les options correspondantes :

- Quotidien (1) pour les prévisions (mensuelles, trimestrielles)
- Hebdomadaire (2) pour les prévisions (mensuelles, trimestrielles)
- Mensuel (2) pour les prévisions (annuelles)
- Autre : ……………………………………………..

Indiquez si les mises à jour des prévisions de flux de trésorerie sont effectuées sur une base continue.

3- Un rapprochement ex post de l'exactitude des prévisions de trésorerie est-il inclus dans les plans (c'est-à-dire comparaison des prévisions contenues dans les plans et des flux de trésorerie réel) ?

- Oui (2). Si oui, à quelle fréquence ?

Par exemple, le rapprochement mensuel des prévisions par rapport aux flux de trésorerie réel.

- Non (x). Si non, veuillez en expliquer les raisons : le rapprochement mensuel par rapport aux flux de trésorerie ne se fait pas de manière fréquente du fait tous les flux ne passent pas directement sur le compte courant du Trésor Public. Toutes les recettes de l'Etat passent par un Guichet Unique de Paiement (GUP) qui après nivellement, alimentent le compte courant du Trésor Public.
- Indique s'il y a eu ou non des changements qui ont affectés les prévisions de flux de trésorerie au cours des trois dernières années, en énumérant les changements les plus influents par ordre de priorité, où 1 est le plus significatif :

- (1) innovations technologiques
- (1) adoption d'un petit système (ou module) de prévisions
- (3) utilisation de SharePoint pour les prévisions
- (1) modifications de l'horizon de planification
- (2) fréquence des mises à jour
- (1) modifications des méthodes de prévision
- (…) autres. Svp, spécifiez.

B- Coussin de liquidité et excédents de trésorerie structurels

4- La DGT fixe-t-elle le coussin de liquidité ou la réserve qu'il maintient à des fins de gestion de trésorerie à court terme ?

- Non (1)

5- Oui (...), si oui, quelle méthodologie est utilisée pour identifier cette réserve ? Veuillez décrire en détail, en prenant autant de place que nécessaire.La DGT identifie-t-elle des excédents structurels ? comment les quantifie-t- elle ? Où sont investis ces excédents structurels ? Veuillez indiquer, par ordre de priorité, où 1 est le plus significatif :

- (1) Banque centrale
- (5) Banques commerciales
- Banques de développement
- (5) autres intermédiaires
- (5) marchés de capitaux locaux et/ou internationaux
- (1) Ils ont été utilisés pour créer un fonds de stabilisation dont les ressources doivent être investies dans les grands projets.

La DGT identifie-t-elle les déficits de trésorerie (ou les nécessités) ? Autrement dit, les liquidités qui pourraient être nécessaires pour financer des besoins temporaires ou occasionnels ?

- Non (5).
- Oui (1). Si oui, méthodologie est utilisée pour identifier ces lacunes est le logiciel de suivi de trésorerie.

6- Les déficits (ou besoins) occasionnels de liquidités sont financés par :

- Bons du trésor (1)
- Emprunts à court terme auprès de la Banque centrale (5) ou auprès de la banque publique dépositaire du compte unique du trésor (CUT) (3)
- Prêts à court terme auprès des banques commerciales (3)

7- Autres (…)

C- Dette flottante

8- En ce qui concerne la dette flottante, existe-t-il une définition juridique des arriérés ?

- Non (5)
- Oui (5)____________________indiquez le numéro et l'article de la loi pertinente et le citer)
- Quelle était la dette flottante totale à la fin de chaque année, en 2019 et 2020 ? **<u>2019</u> : 142 112 000 000 F CFA** et **<u>2020</u> : 682 964 790 000 F CFA**
- Quelle était sa durée de vie moyenne en mois en décembre 2020 ?

  Les maturités varient entre 3 et 36 mois.

- Des rapports sont-ils soumis sur sa situation ? Oui (indiquer la régularité)

  Les rapports sont produits trimestriellement et à la fin de chaque année.

- Les dépenses prioritaires sont-elles prévues par la loi ou par d'autres règlementations ? Les dépenses prioritaires sont prévues par la loi.

D- Compte unique du Trésor (CUT)

9- Le cadre juridique et/ou les règles qui régissent le CUT ont-ils changé au cours de la dernière année ?

- Non (1)
- Oui (5) (indiquez les nouvelles règles et décrivez les changements).

10- Combien de comptes bancaires détenant des ressources publiques échappent au contrôle du trésor à la banque centrale et dans les banques commerciales ? le seul et unique compte détenant les ressources de l'Etat, est le Compte Unique du Trésor. Il y'a des sous comptes qui sont rattachés au compte unique ouvert à la Banque des Etats de l'Afrique Centrale (BEAC).

Veuillez identifier les entités et les ressources dont les comptes restent en dehors du CUT, en faisant une distinction entre les ministères, les entités décentralisées et autonomes (en désagrégeant également les pouvoirs judiciaire et législatif, les universités et autres). Une circulaire du Premier Ministre interdit aux Structures Publiques et Décentralisées de détenir des comptes ouverts dans les banques commerciales. Cette circulaire met en avant le rôle du Trésor Public comme la seule et unique caisse de l'Etat.

11- Si la surveillance du CUT s'est accrue au cours des 12 derniers mois, veuillez indiquer quelles ressources et/ou agences supplémentaires ont été incluses dans le CUT au cours de cette période ? les ressources issues de la fiscalité des sociétés pétrolières et de téléphonies.

12- Des comptes à solde nul sont-ils utilisés dans le cadre de la structure CUT ? pour la collecte des recettes ? pour les paiements décentralisés ?

- Oui (5)
- Non (1)
- Commentaires : les paiements des recettes collectées pour les structures décentralisées se font par le biais du compte unique du Trésor

E- Paiements électroniques

13- La DGT utilise-t-elle le règlement brut en temps réel ou la chambre de compensation automatisée pour effectuer ses paiements ? si oui, pour quels types de paiements utilise-t-elle chaque système ? Dans la négative, veuillez expliquer

Pourquoi.

Oui le Trésor Public utilise le système de paiement brut en temps réel institué depuis plusieurs années pour être effectif en 2007. Ce système est dénommé : SYGMA (Système de gros montants automatisé) et d'un système de paiement de masse dénommé SYSTAC (Système de Télé compensation en Afrique Centrale).

13-a) Sur le total des paiements de paie effectués par la DGT (dépenses courantes), quel pourcentage est électronique ?

- en chiffres : **non dévoilé**
- en valeur : **100%**

b) montant total des versements effectués par le CUT/ Montant total des versements de l'administration centrale en 2020. **Non dévoilé.**

F- Recouvrement des recettes par la DGT

14- la DGT collecte-t-elle les revenus indépendants des sous-secteurs suivants ?

- 1) Ministères (1) ;
- 2) entités décentralisées (2) ;
- 3) entités autonomes, telles que les universités, mais à l'exclusion des pouvoirs judiciaire et législatif (5);
- 4) Pouvoir législatif (5) ;
- 5) organes électoraux (1) ;

Dans les cas où ces ressources ne sont pas collectées par le Trésor, veuillez estimer quelle part des recettes totales elles représentaient dans chaque cas en 2020.

15-Combien de jours les recettes fiscales sont-elles conservées par les banques avant d'être transférées au trésor (indiquer s'il s'agit de jours de réciprocité ou pour d'autres motifs (technologiques, comptables, juridiques) ? **Les recettes fiscales sont conservées au sein du guichet unique de paiement pendant 10 jours. Le nivellement se fait sur le compte unique du Trésor par décade.**

15- Le nombre de jours de réciprocité a-t-il été réduit (ou supprimé) au cours des 12 derniers mois ? En l'absence d'accord de réciprocité, le délai de transfert des fonds vers le CUT à partir du moment de la collecte a-t-il été réduit ? De combien de jours ? Comment ? **Non**

16- Montant des recettes transférées chaque mois au trésor par voie électronique /montant total des recettes chaque mois transférées au trésor. **Non dévoilé**

G- investissements financiers

17- La DGT a-t-elle une politique, une règle ou une stratégie concernant les investissements à court terme ?

- Non (1)
- Oui (5)

18- Si la DGT effectue des investissements à court terme, lequel des instruments utilise-t-elle ? Veuillez indiquer l'ordre de priorité, où 1 est le plus significatif :

- (5) certificats de dépôt de banques commerciales ou autres titres de banques commerciales
- (5) papiers commerciaux ou autres titres non bancaires du secteur privé
- (**5**) dépôts rémunérés à la banque centrale
- (**5**) dépôts à terme des banques commerciales
- (**5**) certificats de dépôt ou dépôts à terme auprès de la banque commerciale qui détient le CUT
- (**5**) titres de la banque centrale
- (**5**) contrats de prise de pension (repos).

19- Les options du trésor en matière de placements à court terme se sont-elles améliorées au cours des 12 derniers mois ? S'il vous plaît, expliquer. **Non.**

20- La DGT reçoit-elle une rémunération pour ses dépôts auprès de la Banque centrale qui détient le CUT ? Si le CUT est détenu dans une banque publique commerciale, est-il rémunéré pour ses dépôts dans cette banque ?

- Oui (**5**). Si oui, comment est calculée cette rémunération ?
- NON (**1**). Si oui, expliquez les motifs

21- Si le CUT est détenu dans une banque publique commerciale, cette banque est-elle soumise à des restrictions concernant son fonctionnement actif et passif ?

- Oui (5) veuillez décrire les restrictions.
- Non (1) H- Besoins financiers à court terme Instruments financiers

22- Les pénuries (ou besoins) occasionnels de liquidités sont financés par : veuillez indiquer par ordre de priorité), où 1 est le plus important, suivi de 2, et ainsi de suite).

- (**1**) titres du trésor ;
- (**5**) prêts à court terme de la banque centrale ;
- (**5**) prêts bancaires commerciaux à court terme : publics (**5**) privés (**5**)
- Prêts bancaires publics commerciaux à court terme de la banque détentrice du CUT ;
- (**5**) autres.

Gestion de fonds à vocation spéciale et de fonds souverains

23- La DGT a-t-elle pris le contrôle de la gestion ou de l'administration des fonds spéciaux (redevances, entretien, garantie, éducation, sécurité, tous les autres fonds à vocation spécifique, etc.) ?

- Oui (**1**). Veuillez préciser et déclarer le pourcentage approximatif du total des ressources gérées par le trésor. **Non dévoilé.**
- Non (5). Veuillez préciser et déclarer le pourcentage approximatif du total des ressources gérées par le trésor.

24- Ces fonds spéciaux (décrits dans la question précédente) sont-ils gérés ou administrés intégralement, ou en combinaison avec d'autres ressources gouvernementales, ou individuellement (séparément) sans unité de trésorerie ? Veuillez préciser.

Ces fonds spéciaux sont gérés par l'unité de trésorerie du Trésor Public.

Les ressources de ces fonds peuvent-elles être prêtées au trésor ?

- Oui (**5**). Expliquez si toutes les ressources peuvent être prêtées ou si certains fonds ne peuvent pas être inclus dans les ressources de prêt (et identifiez ces derniers). **Non, ces ressources ne peuvent pas être prêtées au Trésor Public.**

Si ces fonds ne sont pas gérés conjointement ou ne peuvent pas être prêtés au gouvernement, comment le trésor a-t-il relevé le défi de leur administration ? **ces fonds sont gérés conjointement entre le trésor et les autres administrations à travers le budget.**

Si votre pays a mis en place des fonds souverains (qui comprennent des fonds de stabilisation et d'épargne), veuillez préciser et mentionner qui administre chacun d'eux et dans quels titres ils investissent (ou sont obligés d'investir) chacune de leurs ressources.

- (1) Oui. **Ces fonds sont administrés par le Ministre en charge des Finances.**
- (5) Non.

Bibliographie

Bibliographie

(Bagdigen). B.-L. F. (2001. Introduction à une étude du Trésor public en France. *Revue économique,* 129-(146.), pp. 2(2).

(Varea, 2. I. a. C. N., 2015. “Anti-Graft War : One Economy, One Account,”. *Sunday Nation, August,* Volume 16, pp. 9-10 et 71.

*Hubert de La BRUSLERIE, 2012. Trésorerie de l’entreprise, *Edition DUNOD.*

Allain Charles MARTINET et Ahmed SILEM, 2005. Lexique de Gestion et de Management. *Edition DALLOZ.*

Aminatu, M., (2010). The Impact of Integrated Financial Management System on Economic Development : *the Case of Ghana.*

Bagdigen, M., 2001. Systèmes de budgétisation et leur applicabilité dans le secteur public. Erciyes Üniversitesi. *İktisadi ve İdari Bilimler Fakültesis Dergisi,* Volume 17, pp. 17- 36.

Caccia, L. &. S. I., (2006). . Accounting change in Italian local governments : What's beyond managerial fashion ? *Critical Perspectives on Accounting,* 154-(174), pp. 17(2-3), .

Diamond, J. &. K. P., 2005. . Introducing financial management information systems in developing countries. *Document de travail WP/05/196 du FMI, Washington DC : Fonds monétaire international.*

Gcora, N. &. C. W., 2019. . Post-implementation evaluation and challenges of integrated financial management information systems for municipalities in South Africa.. *South African Journal of Information Management,* Volume 21(1),, p. 1066..

He, H. E.-M. E. &. W. Y., 2008. Accounting conservatism of cross-listing firms in the pre- and post-Sarbanes Oxley periods. *Advances in Accounting,* Volume 24(2), , pp. 237-242.

Hubert de la Bruslerie, 2014. « Analyse financière », *Edition Dunod.*

Hyndman, N. &. C. C., 2011. Accruals accounting in the public sector : A road not always taken. *Management Accounting Research,* Volume 22(1), , pp. 36- 45..

I.A., A., (2016): system-Things you should know-Business and Economy, Market Development. *Understanding the Treasury Single Account (TSA).*

Isa, A., 2016. Le compte unique du trésor (CUT) comme instrument de prudence et de gestion financière : perspectives et problématiques. *Journal de recherche en finance et comptabilité,* Volume 7 (4),, pp. 66-71..

Jack Forget, 2005. Gestion de trésorerie, *Editions d'Organisation,* .

Jean LOCHARD, 1997. les bases de l'analyse financière, *Edition d'organisation* .

Jean Pierre Débourse, R. P. D., 2012. Principes d'analyse financière de projets d'investissement, Stratégies et projets, *l'Harmattan.*

JOHN MAYNAR KEYNES, 1936. théorie générale de l'emploi de l'intérêt et de la monnaie.

Liyanapatirana, T. a. R. R., 2017. Cash management system and policy formulation suggestions for electronic cash management system in Sri Lanka. *Journal of emerging trends in economics and management sciences,* Volume 8 (1), pp. 75-81..

Luc BERNET-ROLLANDE, 2008. Pratique de l'analyse financière. *Edition DUNOD.*

Marc Gaugain et autres, 2007. Gestion de la trésorerie, *Edition ECONOMICA.*

Michel SION, 2003. Gérer la trésorerie et la relation bancaire. *Edition DUNOD.*

Mkuhlana, X. a. J. L., 2022. . The role of budgeting systems in the successful implementation of projects in a selected government department in the Cape Town metropolis. *European Journal of Project Management,* Volume 12 (1),, pp. 13-31..

Muhamud, M. N. M. &. T. K., 2019. Integrated financial management information system and financial reporting effectiveness of district local governments in Uganda. *International Journal of Innovative Science and Research Technology,* Volume 4(8), pp. 395-399.

Philipe ROUSSELOT et VERDIE Jean-François, 1999. « gestion de trésorerie »,. *Ed Dunod, paris.*

Pier PONCET, 2004. « gestion de trésorerie », *Edition Economica, paris.*

Pierre CABANE, 2006. L'essentiel de la finance, *EYROLLES éditions d'organisation.*

Pierre Vernimmen et autres, 2009. Finance d'entreprise, *édition DALLOZ.*

Pierre Vernimmen, 2000. Finance d'entreprise, *édition DALLOZ.*

Salas-Molina, F. R.-A. J. P.-S. D. a. G.-B. A., 2021. On the formal fundations of cash management systems. *Operations Research,* Volume 21(2), pp. 1081-1095.

SILEM, A.-c. M. e. A., 2005. Lexique de Gestion et de Managemen. *Edition Dalloz.*

Storkey, I., 2001. "International Government Cash Management Practices". *www.storkeyandco.com accessed on August,* Volume 22, p. 2020.

Varea, M. &. A. A., 2010. Treasury Management Efficiency Indicators. In Public Financial Management In Latin America. *Inter-American Development Bank.*

Williams, M., 2004. "Government Cash Management : Good and Bad Practice". *http://www.mj-w.net/cac_gov_cash.html accessed on August,* Volume 22, p. 2020.

Yaker, I. d. A. C. a. V. J., 2015. The single treasury account in Latin America : An indispensable tool for efficient cash management. In Public financial management in Latin America. *Inter-American Development Bank.*

Zar, H. a. M. S., 2013. Accrual versus cash accounting system : an empirical study on the organization of municipalities. *Lettres de sciences de gestion,* Volume 3 (1), pp. 51-256.

Table des matières

www.ingramcontent.com/pod-product-compliance
Lightning Source LLC
LaVergne TN
LVHW051105051026
849532LV00004BB/1431